［改訂版］

# 投資初心者のための資産運用

藤波大三郎［著］

創成社

# 改訂版まえがき

本書の初版を出版してから約4年が経過しましたが、この間、確定拠出年金個人型イデコ（ｉＤｅＣｏ）の制度改正、つみたてニーサ（ＮＩＳＡ）の開始などの大きな変化がありました。そこでこれらの部分を追加し、データ等も更新して不備、不適切な部分を修正することとなり、今回の改訂版の出版となりました。初版同様、多くの読者に利用していただければと思います。

改訂版の出版に当たっては、創成社の西田徹氏に大変お世話になりました。ここに厚く御礼を申し上げます。

２０１９年８月

藤波大三郎

# 初版まえがき

この本は松本大学出版会から出版しました『シニアのための堅実な資産運用』の主要な部分に大幅な加筆・修正を行い、幅広く多くの方々のための新たな図書としたものです。『シニアのための堅実な資産運用』はシニアの方々を対象として、実際に取り組めるレベルで資産運用について述べました。その内容はシニアの方々中心のものでありましたが、一般の方々が行う資産運用の基本をカバーしたものとなっていたと思います。

確定拠出年金企業型の加入者が5百万人を超え、2016年からジュニア・ニーサが導入されます。さらに2017年からは夫が会社員の主婦約950万人にも確定拠出年金個人型の利用が可能となり、多くの方々が資産運用に取り組む時代を迎えています。

また、公的年金の支給額が、将来的には実質的に減少することに不安を感じる人も多いと思います。そこで、新社会人、そして主婦、中高年の方までを対象とした堅実な資産運用の手法を説明する図書が必要ではないかと考え、今般、『シニアのための堅実な資産運用』の中から資産運用の基本となる部分を中心に内容を修正し、新しい知見も加え、幅広く多くの方々に向けた図書として刊行することとしました。

この本では投資信託を用いた分散投資、投資期間が5年以上の中長期投資、そして積立投資により、その時々の1年定期預金金利プラス2％程度の収益性を目指すことを堅実で効率的な運用手法として提唱しています。

わが国では投資信託を用いる資産運用は一般の方々にとっては身近なものではなく、実際には多くの方が預貯金で金融資産を運用されていることと思います。しかし、資産運用に関する理論的研究は20世紀後半から急速に発達し、現在では心理学を取り入れた投資理論も研究が行われるようになりました。また、それに対応して資産運用商品の開発も進展していきます。そうした商品を用いれば、かつては年金基金のような大規模な投資家しかできなかった資産運用が、一般の方々でも手軽にできるようになっているのです。

本文でも触れますが、分散投資、長期投資、積立投資は価格変動性を低減させる資産運用の手法です。資産運用といえば株式投資で収益を得た話であるとかが多いのですが、一般の方々が取り組むべき資産運用、ライフプランの実現のための堅実な資産運用はそうしたものではないと思います。しかし、すべてのお金を銀行預金にしておけばよいという時代でもなくなっています。そうしたことを踏まえて、現代人に必要な資産運用のために役立つ投資知識について述べました。

分散投資、長期投資、そして積立投資は一般の方々の資産運用の中心となる考え方であると思いますが、この本ではこれらによる資産運用についてさまざまな角度で述べているために各章で繰り返しになる説明が出てきますが、この点はご了承下さい。

執筆に際しては細かな記述はできるだけ避けて思い切ってやさしい文章としましたが、説明の手薄な個所や不備・不適切な点は将来改訂の機会があった時に対処させていただきます

なお、用語について一言説明しておきます。「標準偏差」という言葉が多出します。これは価格の変動性を表す用語で、不確実性・リスクの大きさを示しています。詳しい説明は本文で図表とともに行っておりますが、資産運用の結果の不確かさの程度、投資結果のブレ具合の指標と考えてお読み下さい。

おわりに、出版の機会を与えていただき、多大のご苦労をおかけした創成社出版部 武田早織氏に深く感謝致します。

2015年8月

藤波大三郎

# 目次

改訂版まえがき
初版まえがき

## 第1章 資産運用の基本……1

1. いつまで使わないお金か 3
2. 分散投資と長期投資がポイント 10
3. 株式投資はグローバルな長期投資で 18
4. 一度に投資しないことが大切 23
5. インフレが起こっても銀行預金で 30
6. 海外債券投資も単独では危険 38
7. 急激な新興国投資は避けて 43
8. ちょっとだけ低めの運用を目標にして 50

第2章

## 資産運用のポイント……53

1. 経済成長の仕組み 55
2. 国際分散投資が基本 61
3. 投資タイミングにかけない 68
4. 資産運用はコストがポイント 77
5. 投資の不安との付き合い方 82

第3章

## 資産運用の基礎知識……93

1. ファイナンシャル・プランニング 95
2. 資産運用の収益性 101
3. 株式投資の収益性 104
4. 債券投資の利回り 110
5. 為替相場と資産運用 118
6. 分散投資とその限界 123
7. 値下がりに効果がある積立投資 129

## 第4章 投資信託の活用方法……135

1. 投資信託の仕組み 137
2. 投資信託のポイントは3つ 143
3. 株式投資信託の積極運用と消極運用 151
4. 成長株投資か割安株投資か 160
5. バランスファンドの特徴 164

## 第5章 堅実な資産運用の実践のために……171

1. アフターフォローとは 173
2. 株価水準の判断 180
3. 個別株投資の限界 185
4. 貯蓄から分散投資へ 190

主要参考文献 197
索引 i

# 第 1 章

# 資産運用の基本

# 1．いつまで使わないお金か

資産運用を考える時、当面使わないお金があるから資産運用を考えようと思われる方が多いと思います。しかし、資産運用について考える時に大切なことは、まず手持ちの資金を使用する時期で分別することです。

一般的に、概ね5年以上使用しない資金で株式や債券による分散投資を行うと、良好な運用結果が得られる可能性が高いと考えられます。10年以上ですと、株式投資中心でも元本割れの可能性は小さいでしょう。つまり、中長期の株式、債券による資産運用は安定的な収益性が得られるという傾向があるのです。一方、5年未満の短期間で株式、債券による運用を行うと元本割れを起こす可能性が高いのです。そこで、まず手持ちの資金を使用する時期で短期、中期、長期に分別することが大切になるのです。

まず短期資金ですが、これは概ね5年程度使用しない資金を考えます。次に中期資金は6年から10年まで、さらに10年以上使わない長期資金というように資金を使わない期間で分別します。金融資産の運用で重要なことの1つはその資金の目的がどのようなものかという観点もありますが、どの程度の期間使わないで運用できる資金であるかということが重要になります。この考え方は投資期間を重視した考え方ということですが、これは同時に短期的利

図表1－1　一世帯当たりの金融資産保有額（平均値）（2016年）

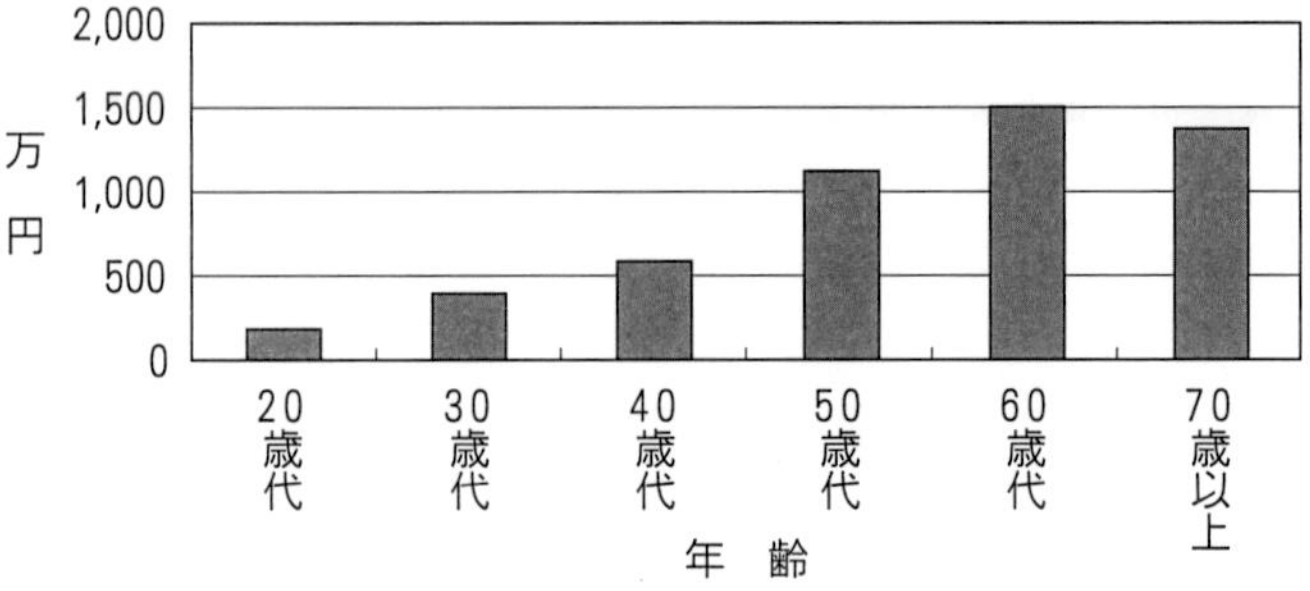


資料：金融広報中央委員会ホームページ。

益を追求しないということでもあります。異論もありますが株式、債券による資産運用は短期的にはハイリスク、長期的にはローリスクという傾向があるとされますので、そうした点を重視した考え方ともいえます。

ところで、保有している金融資産が多い人々といえばシニアの方々でしょう。金融広報中央委員会のアンケート調査によると、30歳代の世帯が保有している金融資産の額は4百万円にも満たないというのが平均値です。そして働き盛りの40歳代も約6百万円なのですが、50歳を超えて退職金を受け取った60歳代になると15百万円を超えます。さらに、金融資産の取り崩しが始まっているはずの70歳以上になっても13百万円台を維持しています。

実際のシニアの方々の経済状態についてはバラツキが大きく、豊かな方から非常に厳しい方までおられるわけですが、全体として見ればシニアは保有している金融資産については、ゆとりのある世代ということができます。

わが国の公募投資信託純資産総額は、株価の上昇、円安による時価の増加等もあって115兆円程度（2019年7月）となりましたが、その約2割は毎月分配型投資信託といわれ、毎月、分配金が出るタイプの投資信託で占められています。投資信託とは、投資家から集めた資金を1つの資金としてまとめ、専門家が株式や債券などで運用する投資商品で、その運用の成果が分配金として投資家に還元されるものです。分配金は通常は年1〜2回ですが、毎月分配金を出すタイプの投資信託もあり、こちらの人気は一時に比べて下がりましたが、2019年に入り復活傾向にあります。

これはシニアの方々が分配金を年金代わりと考えて購入しているためといわれています。元本割れのリスクのある投資信託を多くのシニアが購入できることは、金融資産についてはシニアの方々はゆとりがあることの証拠といえるでしょう。

一方、保有している金融資産が少ない若い世代の方々についてですが、その将来はどうでしょうか。若い世代の未来が暗いものかというと、少子高齢化問題でいわれるほど悲観的なものにはならないという意見があります。

吉川洋立正大学学長・東京大学名誉教授は「わが国の労働力人口は、1998年の6、973万人をピークに、今後年率0・6％ほどのペースで減少し続けてゆく。にもかかわらず多くの経済学者は2％程度の経済成長を見込んでいる。GDPが2％で成長すると、人口が減るので1人あたりGDP、すなわち一人当たり所得は年率2・5%ほど成長することになる。現在30歳の人の生涯所得は現在60歳の人の生涯所得の2倍以上になる計算である」と述べています。

小林慶一郎慶応大学教授は、一国の経済の生産性を表す全要素生産性(TPF)について、英米の過去100年の値が2%程度であったことから、「先進国では経済環境が整えば2%のTPF成長率が達成可能だという意見が経済学界の通説である」と述べています。つまり、生産性の向上で2%の経済成長が可能と予測されているわけです。

1960年代のような高度経済成長の時代ですと、10年もあれば生活は2倍以上豊かになりましたが、これからはその3倍の時間をかければやはり2倍以上の豊かさを享受できるのです。わが国の若い世代については高齢者の福祉の負担で厳しい将来が待っているといわれます。今は現役世代3人が高齢者1人を支える騎馬戦型社会といわれますが、将来は現役世代1人が高齢者1人を支える肩車型社会になるといわれます。しかし、将来の現役世代が現在の現役世代より2倍以上の経済力を持てば、実質的に肩車の負担は軽減されます。現在の若い世代、未来のシニアの生活もいわれるほど不安ではないと思います。

ここで視点を変えると、マクロ経済的に見ればわが国には約18百兆円の個人金融資産があります。これはバブルが崩壊した1990年頃は10百兆円くらいでしたので大きく増加しました。現在、この個人金融資産の半分以上は預貯金となっています。これを株式投資へ誘導しようとして１９９８年には広く国民に接点を持つ銀行に投資信託の販売を認め、２００１年に政府は「貯蓄から投資へ」という標語を掲げました。また、２０１４年から少額投資非課税制度である日本版ＩＳＡ、いわゆるニーサ（ＮＩＳＡ）もスタートさせたわけです。そして、２０１６年からはジュニア・ニーサも開始され、一般のニーサの年間非課税限度額も１００万円から１２０万円に引き上げられました。さらに２０１８年から、つみたてニーサ（年間非課税限度40万円、期間20年）も始まり、ニーサの総口座数は約13百万口座、その内つみたてニーサは約１百万口座（２０１８年12月）となっています。

このように個人金融資産に恵まれているわが国ですが、この個人金融資産の６割以上が60歳以上の人々が保有しているとされています。一方、若い世代の人たちはわずかしか金融資産を持っていないので、若い人たちが株式投資を行おうと思ってもできることはそう多くありません。しかし、資産運用に従業員が責任を持つ確定拠出年金企業型の加入者は約７百万人となりました（２０１９年5月）。また、２０１７年から確定拠出年金個人型、いわゆるイデコ（ｉＤｅＣｏ）が専業主婦にも認められ、個人型の加入者数は全体で約１・３百万人になっています（２０１９年5月）。また、２０１８年からは中小企業主掛金納付制度、いわゆるイデコプラスという会社が掛け金を上乗せする制度も始まりました。

そして、ジュニア・ニーサにより、子供を持つ多くの人々が資産運用に取り組む時代となりつつあります。子供のための金融商品としては、こども保険、学資保険がありますが、これらは毎年約60万件の新規契約があるといわれます。毎年の生まれる子供の数が約1百万人ですから、子供を持つ親の6割が加入していると思われます。こうした子供のための新たな金融商品としてジュニア・ニーサによる株式投資や株式投資信託の活用が期待されているのです。

しかし、株式投資を含む資産運用を、といわれても株式投資は価格の変動が大きいわけです。日経平均株価は、バブル崩壊前のピークの1989年12月末には約38千円、2018年は、日本銀行の金融緩和政策があっても約2万円で終わったような状況です。

そのため、一般の方々は株式投資などとてもできないと思うかもしれません。しかし、東京証券取引所第一部上場の企業の株式という金融資産が、どれだけ利益を得ているかを計算すると、その収益率、すなわち株主が出資した資本金に対する利益率、つまり、株主から企業が預かった資本に対して企業が稼ぐ収益率で専門的に自己資本利益率・ROE（リターン・オン・エクイティ）と呼ばれる収益性は、この低金利の時代にもかかわらず8・4％程度（2019年8時点）となります。ここでリターンとは投資に対する見返り、収益のことを指します。

この自己資本利益率は、日本の持続的な経済成長のために企業が経営、専門的には資本効率の指標とすべきものとされ、わが国の場合8％が平均的な目安とされています。そして、株式投資の収益性はこの自己資本利益率と長期的には一致するとされています。

また、株式の投資家にとって重要な株式益回りという指標でみると7・7％程度の収益性があります（2019年8月時点）。株式益回りとは企業の一株当たりの当期純利益を株価で割った値です。国債の利回りが1％未満の状況でこれだけの収益性があることは、株式投資を資産運用の一部に用いるべきであることがわかります。

とはいえ、株式投資で損をする人も多いと思われます。1980年代後半のバブル経済のピークに株式投資を行われた方は今でも損失を抱えたままです。株価の年間変動幅は大きく、日経平均株価で見れば1年間で上下に2割程度はごく普通に動いています。しかし、そうした株式投資がわが国の経済の活性化を後押しすることは間違いないところです。ニーサの制度を導入した狙いには、国民の資産形成とともに株式市場を通じた企業への成長資金の供給拡大もあるのです。

しかし、それではこの高い収益性のメリットを得るために今日から株式投資を行いますといっても心配なところがあります。そこで、最初に述べたように手持ちの資金を使用しない期間で分別し、5年以上使用せず、長期間運用できる資金で株式投資を含む資産運用を行う

図表1－2　手持ちの資金の分別

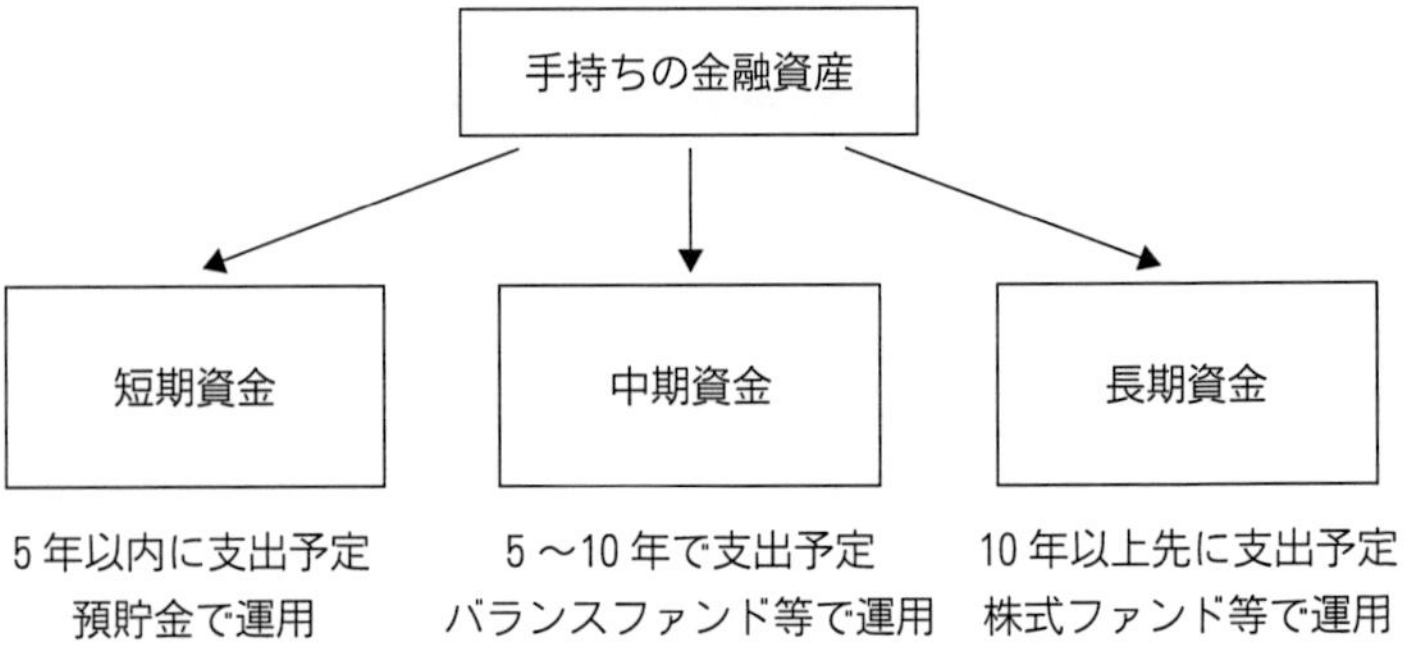


ことが大切になります。そして、使用しない期間が5年未満の資金は銀行預金としておくことが適切です。株式を中心とした運用は10年以上の運用期間が望ましく、こうした資産運用は投資期間が5年未満で運用するとリスクが大きすぎ、一般の方々にとっては避けるべき取引と思います。

## 2．分散投資と長期投資がポイント

手持ちの資金を分別することが大切で、投資期間が5年未満の資金は銀行預金で、と述べましたが、その理由を説明したいと思います。ギャンブル的な要素の多い投機ではなく、不確実性はあるものの堅実な投資としての資産運用の基本は分散投資と長期投資です。国内・外の債券と株式に十分に分散投資が行われた資産運用は長期投資を行うと高い確率で元本割れが少なくなっていくことが理論的にも統計的にも示されています。これにより、ゆっくりと急ぐことなく豊かな人生設計、ライフプランのための経済的なゆとりが得られ、人々の経済的不安を軽減できるのです。

国内・外の債券、株式に分散投資を行った上で長期に投資を行えば、高い確率で元本割れしないという投資成果は5年程度で達成できます。これは投資の成果の下ブレのリスクを確率約16％で発生するものとして見ています。

逆にいえば約84％の確率、つまり、前に述べた高い確率とはこの値なのです。この確率約16％とは統計学を用いた結果なのですが、これについて標準偏差という言葉について説明します。

大学受験の難易度や試験の成績を示す時に用いる偏差値は、標準偏差という統計学での考え方を用いています。身長のバラツキ、体重のバラツキなどそういうものは、大量に観察すると平均値を中心にして概ね釣鐘状に分布するといわれます。

偏差値はこのバラツキの中央のところを50とし、40としたところが下から約16％の確率のところです。この下から約16％のところを統計学の用語では、マイナス1標準偏差といいます。

この確率で元本割れしない、つまり約84％の確率でという意味で、高い確率という言葉を用いたわけです。高い確率とは、いわば十中八九の確率ともいえます。

標準偏差については後でもう一度詳しく述べますが、そうしたバラツキの程度を示す指標とご理解下さい。標準偏差は偏差値と同じようにその活用方法を知っていればよく、その算

図表1－3　長期分散投資のダウンサイドリスク

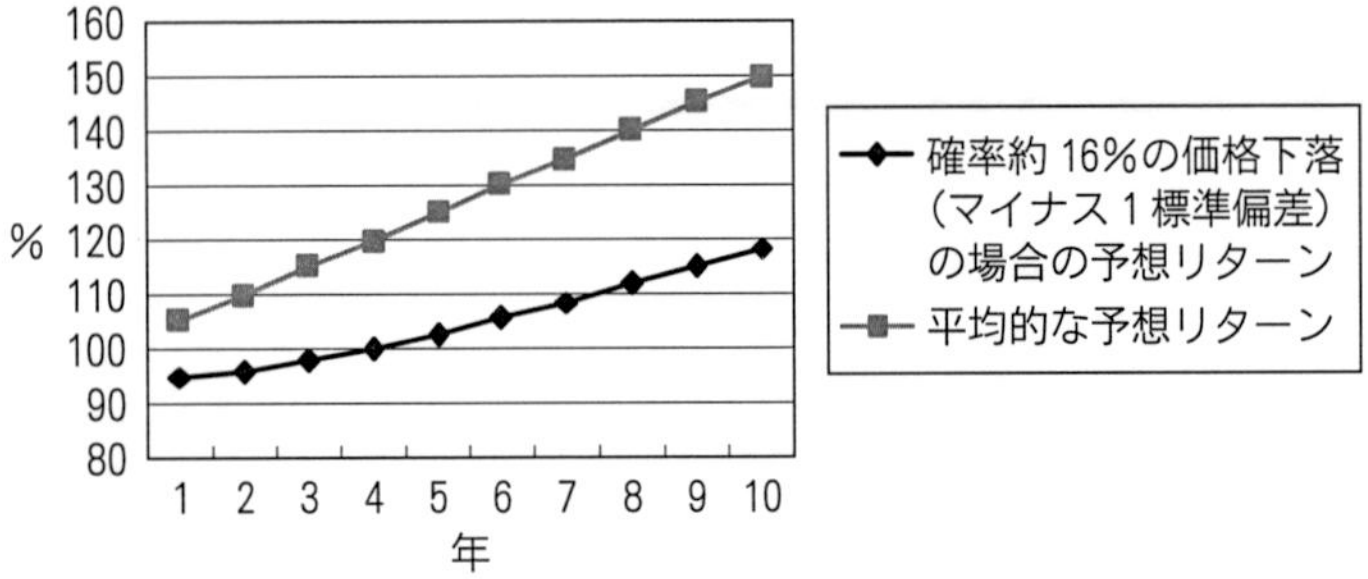


（注）年率リターン5％，標準偏差10％として筆者試算（連続時間複利表現）。

出の仕方までを資産運用のために詳しく知る必要はありません。

ちなみにわが国の株価は、アベノミクスの効果で２０１３年の１年間で約57％上昇しました。これは確率的に２％から３％程度、１００年に２度から３度のことであり、１９７２年の年間約92％の上昇以来のことでした。したがって、こうしたことは、今後、そうあることではないでしょう。

ところで、よく長期に投資すればリスクが小さくなると説明されることがあります。しかし、正確にいえば理論的には長期に投資すればリスクそのもの、価格変動性自体は累積されて大きくなります。国内・外の債券、株式へ均等に25％ずつ分散投資を行った場合で考えると、特に最初の1年目、2年目は、確率16％で運用成績の悪いケースを考えると元本割れを起こします。そして、4年目まで元本を超えることはないということになり、5

年目になって元本を明らかに超えるのです。

異論もあるのですが、これが現代ポートフォリオ理論といわれる資産運用の専門的な理論でいうところの長期投資の効果ではないかと思います。単に長期に投資すればよいということではありません。長く投資していると徐々に価格の変動性、つまりリスクは累積し、増えていくのです。しかし、資産運用には収益性があります。その収益が累積していくスピードの方が、リスクが増えていくスピードより大きいので結果として元本割れの可能性が時間の経過とともに減少すると考えるのが妥当と思います。

つまり、収益性が良くなければ長期投資の効果はないといえます。そして、株式投資の収益性を決めるのは、前に述べた企業の自己資本利益率・ROEなのです。ROEは、株主が企業の経営者の実績を、外部から適切に評価するための最もわかりやすい指標とされていますが、ROEが低いと長期投資の効果を得にくいことになります。

政府は2014年に世界の投資家が日本企業に求める収益性は約7％超であり、そこで8％をROEの目標として企業経営に取り組むことを提言しています。なお、2014年までの過去10年の各国のROEは、米国が約14％、英仏伊が約10％、ドイツが約9％であったのに対し、日本は6％強でした。

ともあれ、この良い収益性、安定した収益性を得るには分散投資が必要になります。1つ

図表１－４　日本株式への長期投資によるリターンとリスクの変化

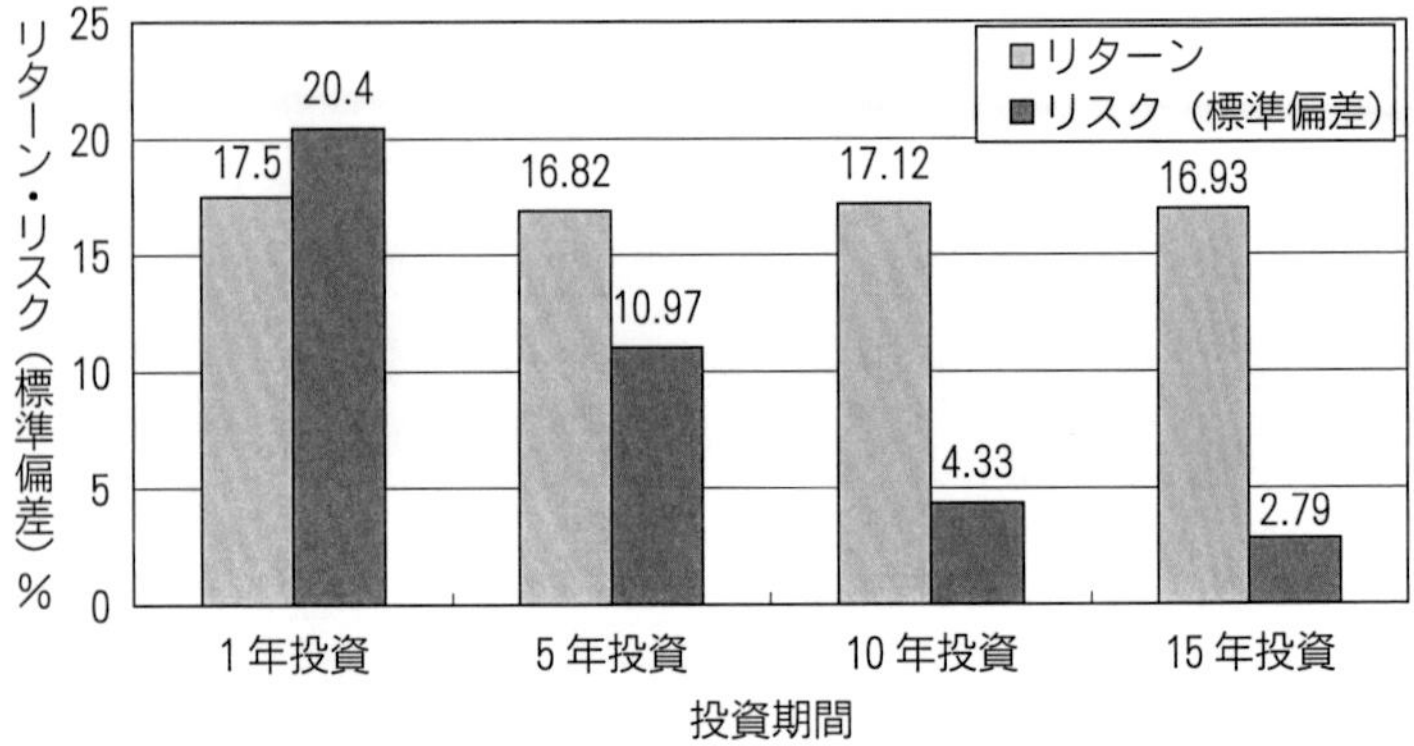


資料：SMBCラーニングサポート「チャレンジ投資信託」（原資料：日本証券経済研究所資料，1953年～1995年）。

の資産に投資をしていれば、バブル崩壊後の日本株式への投資のようにきわめて低い収益性しか得られないこともあり、いくら長期投資を行ってもリスクは小さくならないことになります。

そのために国内・外の債券、株式への投資を組み合わせる必要があるのです。こうしたことを資産配分、すなわちアセット・アロケーションと呼び、資産運用の成果の8割はこの資産配分で決まるとされます。

むろん、収益性が良いと見込まれる1つの投資対象を見つけることができればその資産に集中投資を行えばよいのですが、そうしたことは困難です。そのために分散投資が必要になってくるのです。

また、実際の統計では株式に長期に投資をしていれば価格のブレ具合は安定的となり、その収益性の平均値に近づいていくということがわかっています。この統計から導かれる考え方からは長期投資は平均的な収益性を実現する方法、収益を安定させる方法でしかないことになります。しかし、これは大きな意味があります。株式投資は収益性が良いのですが、価格の変動性があまりに大きく、一般の方々が取り組めないのですから、その変動性を緩和することができる意味は大きいと思います。

なお、分散投資についてはその組み合わせ方、資産配分を大変細かくいう意見もあります。前に述べたように資産配分で運用成績の8割が決まるのですから、それは当然であり、専門家の間では議論が集中するところです。しかし、個人の場合には、厳密な計算が困難な面もあり、さらに後で述べる積立投資を考えると、一般の方の場合はあまり細かく分散投資の資産配分を考えなくともよいと思われます。

ともあれ、資産運用の基本は、運用成果を安定させる効果がある分散投資を前提にして長期投資を行うことでしょう。過去の統計と将来の収益性についての一般的な予測から見れば、国内・外の株式、債券の4資産に分散投資を行った場合でも、元本割れが高い確率でなくなるのは4年以下、少しゆとりを見て5年以下では難しいと思われます。逆にいえば、5年以下の運用期間しかない資金は銀行預金での運用が適切といえ、株式、債券での運用には適さないのです。

繰り返しになりますが、株式や債券による資産運用を始めた最初の数年は収益の累積が少なく、価格変動性は大きいので、投資を開始した直後の時期は元本割れを覚悟しておかないといけないということになります。そういう心構えが国内・外の株式、債券を含む資産運用には求められるのです。そうした心構えがあると、つまり、投資を開始して数年は元本割れが起こる可能性が大きいと思っていれば不意打ちを受けることはなくなります。また、値下がりが大きい点を逆手にとって、後で述べる積立投資を行うことも合理的な対処策と思います。

とはいえ、価格下落の心理的ショックは大きなものです。そこで、こうした資産運用を始めたら頻繁に価格を見るようなことは避けたほうが無難です。米国にウォーレン・バフェットという著名な株式投資家がいます。バフェット氏はアメリカの金融街のあるニューヨークには住んでおらず、地方都市であるネブラスカ州のオマハに住んでいます。そこで「オマハの賢人」という呼び名もあります。

彼は後で述べる割安株投資で有名なのですが、バフェット氏は株式投資を行うなら郵便事情の悪いところに住んだほうがよいといった意味のことを述べたそうです。つまり、日々、新聞や株式レポートで価格変動のデータなどを頻繁に眺めていると、情報に惑わされて投資にはあまり良くないということです。

これに近い事柄は、行動ファイナンスという心理学を取り入れた経済学でも取り上げられ

図表１－５　価値関数のイメージ

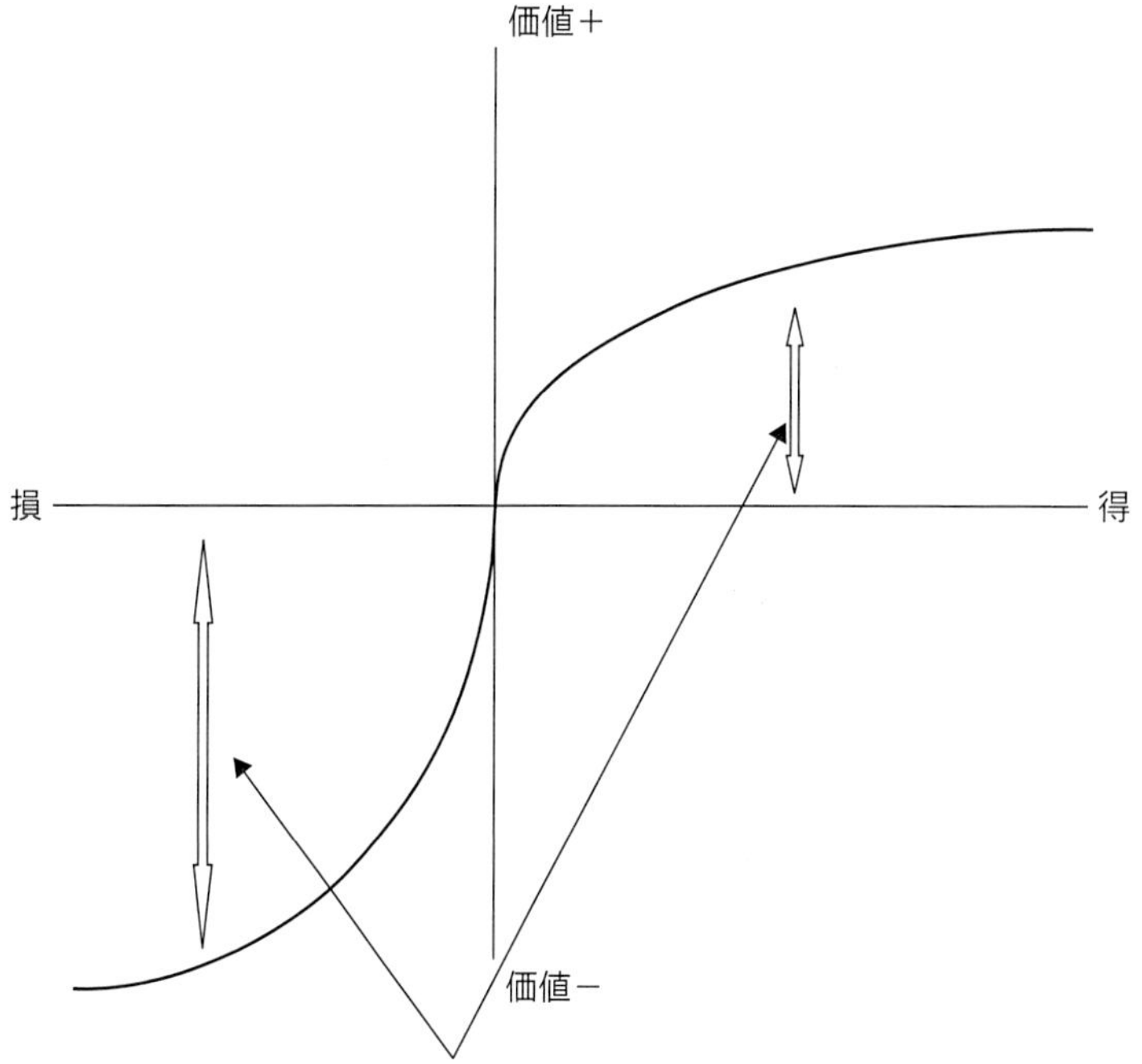


人の心は，損を得の２倍以上強く感じる傾向がある。

ています。人は一般に、価格の下落のほうが上昇より2倍以上心理的影響を受けるといわれ、投資の判断が揺らぐ可能性があるのです。

図表１－５は、プロスペクト理論における価値関数と呼ばれるものですが、2002年にダニエル・カーネマン氏がノーベル経済学賞を受賞した理論の一部です。人の価値の感覚というのは、値下がりの損の方が値上がりの得より2倍以上強く感じるのです。儲けは損失より小さく思える、逆

にいえば、人は肯定的な刺激より否定的な刺激により敏感なのです。

このため、頻繁に運用の結果を確認すると投資判断が歪んでくるのです。頻繁な情報に惑わされるという点では、バフェット氏の意見とカーネマン氏の研究には似た内容が含まれているのかもしれません。

## 3．株式投資はグローバルな長期投資で

安定的な収益性に支えられれば長期投資は成功すると述べましたが、バブル経済期のピーク時、1989年12月時点に比べ、株価は日経平均株価でみれば2分の1程度に値下がりしています（2019年8月時点）。このため株式投資はとても一般の方々が取り組めるものではないと思われるかもしれません。

確かにわが国の株式にだけ投資を行っていればいくら分散投資をしていても、バブルのピークに投資を開始していれば運用の成果は厳しいものがあり、一般の方々の資産運用としては不適切でしょう。しかし、分散投資の対象を広げて世界の多くの国の株式にグローバルな分散投資をすれば、長期的には株式投資も比較的安定した収益性のある資産運用であるということがデータ的に示されています。この理由は、世界各国の株式の価格変動の仕方が異なるからであり、また、世界の経済は全体として長期的に見れば成長しており、株価はその成

**図表1－6　労働力人口と経済成長の成長率の比較**

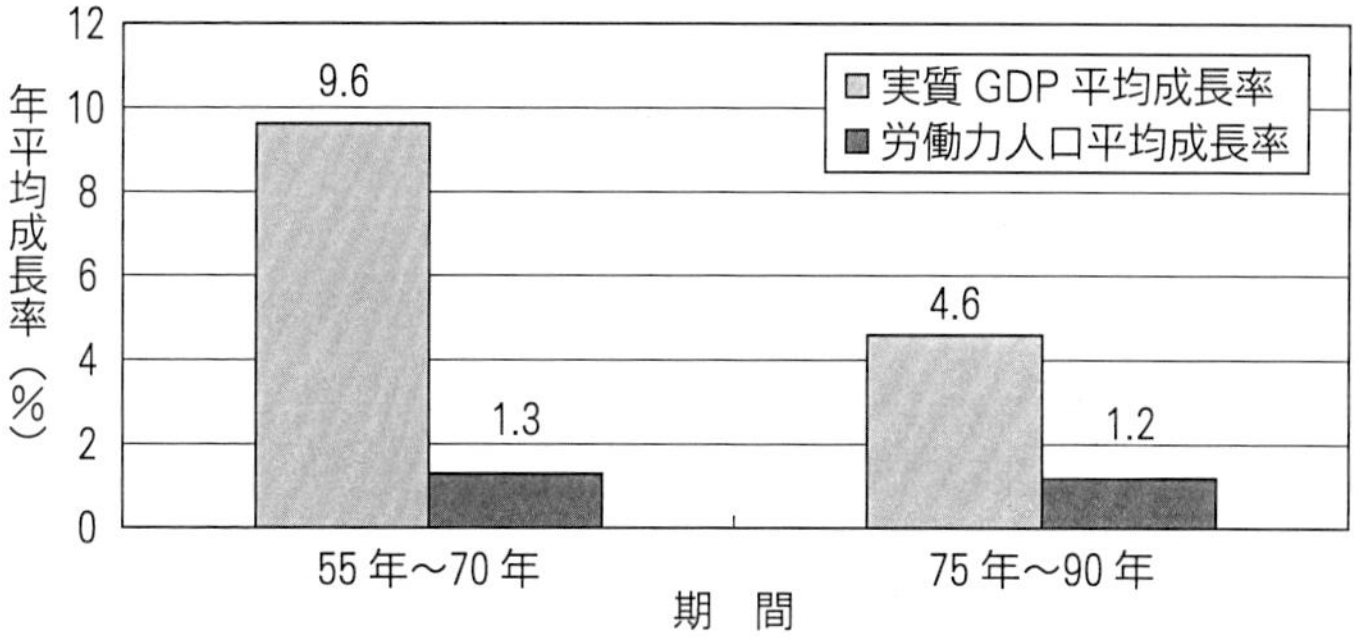


資料：吉川　洋「人口の減少と経済成長」『学士会会報』第851号，学士会，2005年。

長を反映して上昇しているからです。

また、日本についても過度に悲観的になる必要はないことは前に述べた通りです。確かに日本は人口減少社会です。そのような国の株式投資に将来性があるのかと思われるかもしれません。日本銀行の金融緩和政策で日本の株価も上昇し、企業の利益も増加しましたがこれが続くとは思えない、といわれるかもしれません。

また、人手不足経済という言葉も使われるようになりました。これまでの人口減少は主として経済学でいう需要の面で問題とされていたのが、日本銀行の金融緩和で景気が回復し始めると、一転して今度は供給、すなわち生産力の面で問題となるといわれるようにもなったのです。

しかし、人口減少についていえば人口増加が経済成長の主な原因だという考え方は専門的には否定的な評価もなされており、労働力人口（人口満15歳以上の就業者と失業者の合計）と経済成長の比較をすればそれらに大きな関係はないという意見があります。これは前に紹介した吉川教授が指摘されたことでもあります。

高度経済成長期が始まった頃、「もはや戦後ではない」と昭和31年の経済白書においていわれたのですが、その前年、つまり1955年から、大阪万博が開催された1970年までの15年間とその後の安定成長期を比較しても、労働力人口の伸びに大きな差はありません。

高度経済成長は1954年の神武景気から始まりました。この時代は、経済成長に伴う公害問題等もありましたが、わが国が年々豊かになっていくことを国民が日々実感する時代でもありました。そうした時代に労働力人口は大幅に伸びているわけではないという指摘を吉川教授がされたのです。

そして、1975年からバブル経済のピークの1990年までと、この時代を比較すると、1975年以降の時期において経済成長率は大きく低下したけれども労働力人口の成長率は高度経済成長時代とあまり変化がないのです。つまり、単に人口で経済成長を語ることはできないというデータがあるのです。

では何が経済成長の主たる要因だったのかというと、それは人口増加ではなく技術革新であったとするのが経済学者の間での通説です。この技術革新はこれからの日本にも起こりえます。実際、日々、技術革新は起こっています。たとえば2018年にノーベル医学生理学賞を受賞され、がん治療薬「オプジーボ」を生み出した本庶佑教授が発見したタンパク質「PD-1」があります。このようにこれからも頭脳の勝負、創意工夫とイノベーションがポイントなのです。本庶教授の研究は一例ですが、これからもわが国ではさまざまな分野で技術革新、イノベーションが予想され、日本経済の成長は十分に考えられます。また、このような華々しい技術の進歩でなくとも、日々の仕事の改善、改良も大きな技術進歩です。日本でも有名な米国の経営学者であったピーター・ドラッカーは、「成功したイノベーションのほとんどが平凡である」と述べて、科学技術的に何ら特筆することのないイノベーションが、高収益の大事業に発展すると述べています。

とはいえ、バブル経済崩壊後の株価下落で20年以上にわたる日本株の低迷を見ると、長期投資を行っても株式投資は難しいと思われるかもしれません。それはその通りであり、バブル経済崩壊以降の日本の企業の収益性は悪かったのです。そのため日本株だけに分散投資をしてもその効果はなかったのです。

しかし、世界の株式にグローバルに分散投資を行った株式投資であれば、やはり長期的には安定的な収益を得られています。リーマン・ショックの世界同時株価下落を経験した時、分散投資は金融市場が世界的に統合されている現代では効果がないという意見もありましたが、長期的にみればやはり効果がありました。

しかし、世界の株式に投資をといわれても、人は自分の国以外の金融資産に投資をすることに不安を感じて国内の資産に投資しがちです。これは専門的にはホームカントリー・バイアス、すなわち自国偏重と呼ばれる現象です。ですから、この問題を乗り越えて海外に幅広く投資を行い、世界の経済成長から資産運用の成果を得ることが重要なのです。

このホームカントリー・バイアスを乗り越え、グローバルに世界の株式、そして世界の債券を対象とする投資ができてこそ、個人の資産運用が適切なものになるといえると思います。

なお、前に述べた「もはや戦後ではない」という言葉は今ではポジティブにとらえられていますが、この言葉が用いられた当時の経済白書の執筆者の真意は、戦後の経済復興の時代は終わり、これからの経済動向には不透明感があるということをいいたかったとされています。

つまり、当時の政府の経済政策の担当者は、起こりつつある高度経済成長時代を予見していたわけではなかったのです。故池田隼人元首相の所得倍増計画が発表されたのは１９６０年であり、高度経済成長期に入ってからでした。

さらにいえば、高度成長期に入っても先行きへの悲観論は何度となく唱えられました。労働力不足については、この当時からいわれていたのですが、結果は省力化のための設備投資で日本経済は成長を続けたのです。経済の先行きを予測することはこのように難しいのです。こうした経済情勢の将来予測の難しさは次に述べる積立投資に関連します。

## 4．一度に投資しないことが大切

株式投資は長期的にグローバルに投資を行えば安定性がある、分散投資は安定性があるとはいっても株式投資を含んだ資産運用は不安な面があります。そこで、ここで述べる積立投資が効果を発揮します。

わが国の株価がバブル崩壊以降、低水準で推移した理由を考えてみますと、その主な理由として低成長の経済状況、デフレの長期化、そして直接的には前に述べたように企業の収益性が悪化したこと、そしてバブル期の株価があまりに高すぎたことなどが背景にあると思われます。

政府が「貯蓄から投資へ」と旗を振っても株式投資が増えなかったのは、株式投資に魅力がなかったために人々は当然の選択をして株式投資をしなかったともいえます。しかし、日本銀行の金融政策が成功してマイルドなインフレが発生し、金利水準、そして経済成長率が上昇すると株式投資の魅力が回復し、自然と「貯蓄から投資へ」が起こる可能性があります。

そうはいっても株価の変動性についての不安は大きいものがあります。そこで次は積立投資が重要になります。資産運用では一度に投資を開始しないことが大切です。シニアの方は保有金融資産が多いので一度に投資をすることも可能ですが、一度に投資を開始することはリスクが大きいといえます。

投資をいくら長期に行うとしてもその投資を開始する時期は重要です。たとえばリーマン・ショックの直前、2008年の前半に投資を始めていれば、それが国内・外の債券、株式への分散投資であっても2014年の年初でようやく元本を回復した程度です。投資を開始するタイミングには良い時期も悪い時期もあるわけです。そして、経済情勢の将来を見極めることは困難であるのが現実であることは、前に経済白書のエピソードで触れた通りです。しかし、こうした問題も投資の開始時期を意図的に分散しておけばかなり軽減できるのです。

なお、リーマン・ショック前の米国の住宅バブルについては、2013年にノーベル経済学賞を受賞したロバート・シラー氏が指摘していました。しかし、残念なことに世論、そして専門家の間でも大きな意見にはなりませんでした。

投資の良い開始時期を見つけて投資をする、そういう良いタイミングで投資を行って収益獲得を目指す手法を専門用語でタイミング・アプローチといいます。しかし、このタイミング・アプローチというのは失敗することが多いのです。一般向けの投資の図書や株式講演会ではこうした株式や投資信託の短期の売買を主張するものもあるのですが、ライフプランのための資金運用に取り組む一般の方にとっては不適切な意見といえます。

現代の投資理論には、シラー氏と同時に2013年にノーベル経済学賞を受賞したユージン・ファーマ氏が明確にした「効率的市場仮説」と呼ばれる理論があり、実際のデータでも証明されています。この説は、株価はすべての情報を織り込んで今現在の価格がついており、割安、割高の銘柄を見つけたり、良い売買タイミングを計ったりすることは難しいという考え方です。反対意見もあるのですが、現代ポートフォリオ理論の世界では有力な考え方です。

一般的に年金の運用ではこの理論に基づいてインデックス投資を取り入れています。インデックス投資とは、日本株投資であれば日経平均株価や東証株価指数のように市場の動き全体を表す指標、つまりインデックスと同じように広く分散投資をすることです。実際、個々の銘柄選びを行う投資信託よりこうしたインデックス投資の投資信託であるインデックス・ファンドの方が長期的に見れば良い結果を残していることが多いのです。また、その投資方法はコンピュータ分析で行い、投資対象の株式の銘柄も入れ替えないので、少ない経費で済む安価な投資手法です。

このインデックス・ファンドは値動きがわかりやすいと説明されることが多いのですが、これは本質的な説明ではありません。本当に大切なことは前に述べた効率的市場仮説での運用、つまりインデックス・ファンドでの運用の方が銘柄を選んで投資をするより収益性が良

図表１－７　米国の投資信託の期間別パフォーマンス

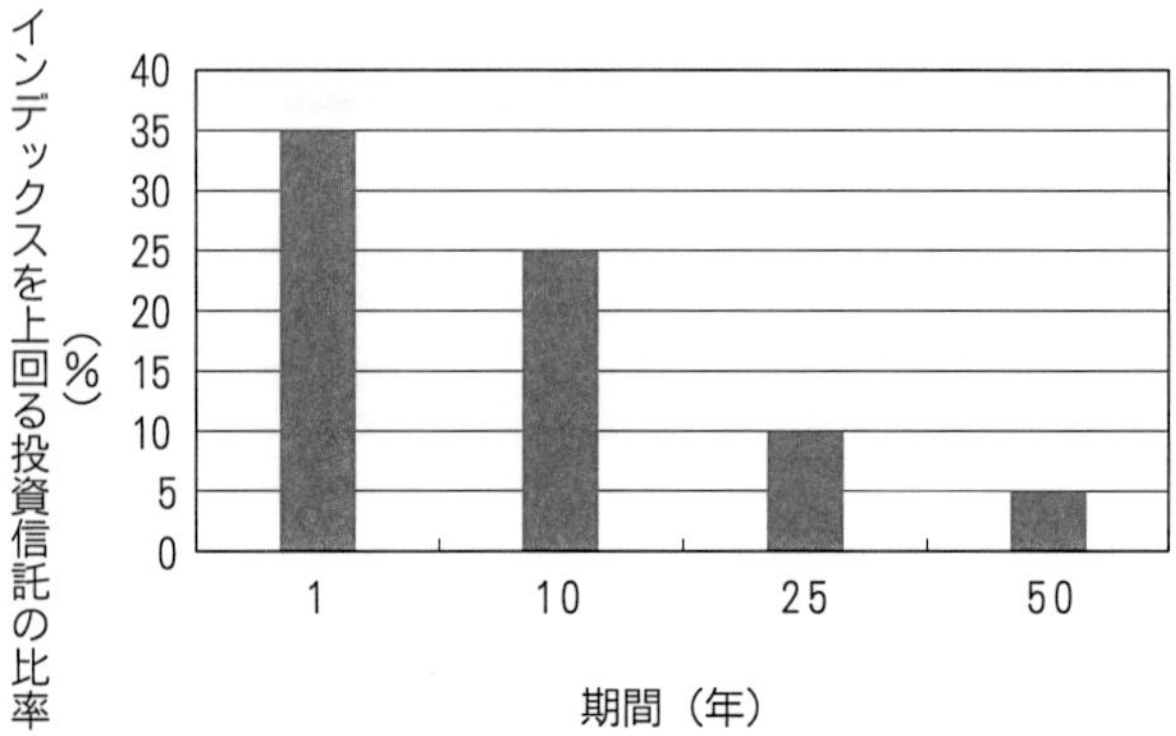


資料：チャールズ・エリス著，鹿毛雄二訳『敗者のゲーム　原著第6版』日本経済新聞出版社，2015年より作成。

い場合が多く、費用も安価であるという点です。この銘柄を選ぶ投資は後で述べるように積極運用と呼ばれ、こうした運用を行う投資信託をアクティブ・ファンドと呼びます。

また、インデックス・ファンドのうち、時価総額に比例したインデックス、たとえば東証株価指数に連動するようなインデックス・ファンドは、市場ポートフォリオと呼ばれる現代の投資理論では最も効率的な分散投資に近いものとされています。市場ポートフォリオとは、現代ポートフォリオ理論の中の考え方ですべてのリスク資産を含む分散投資のことです。市場ポートフォリオはリスクとリターンからみて最も効率が良い分散投資であるということは大切な点と思います。

また、こうした投資の時期、タイミングの投資成果に対する影響はきわめて大きいことが知られ

図表１－８　特定の年が株式投資の収益に与える影響（1949年～1997年）

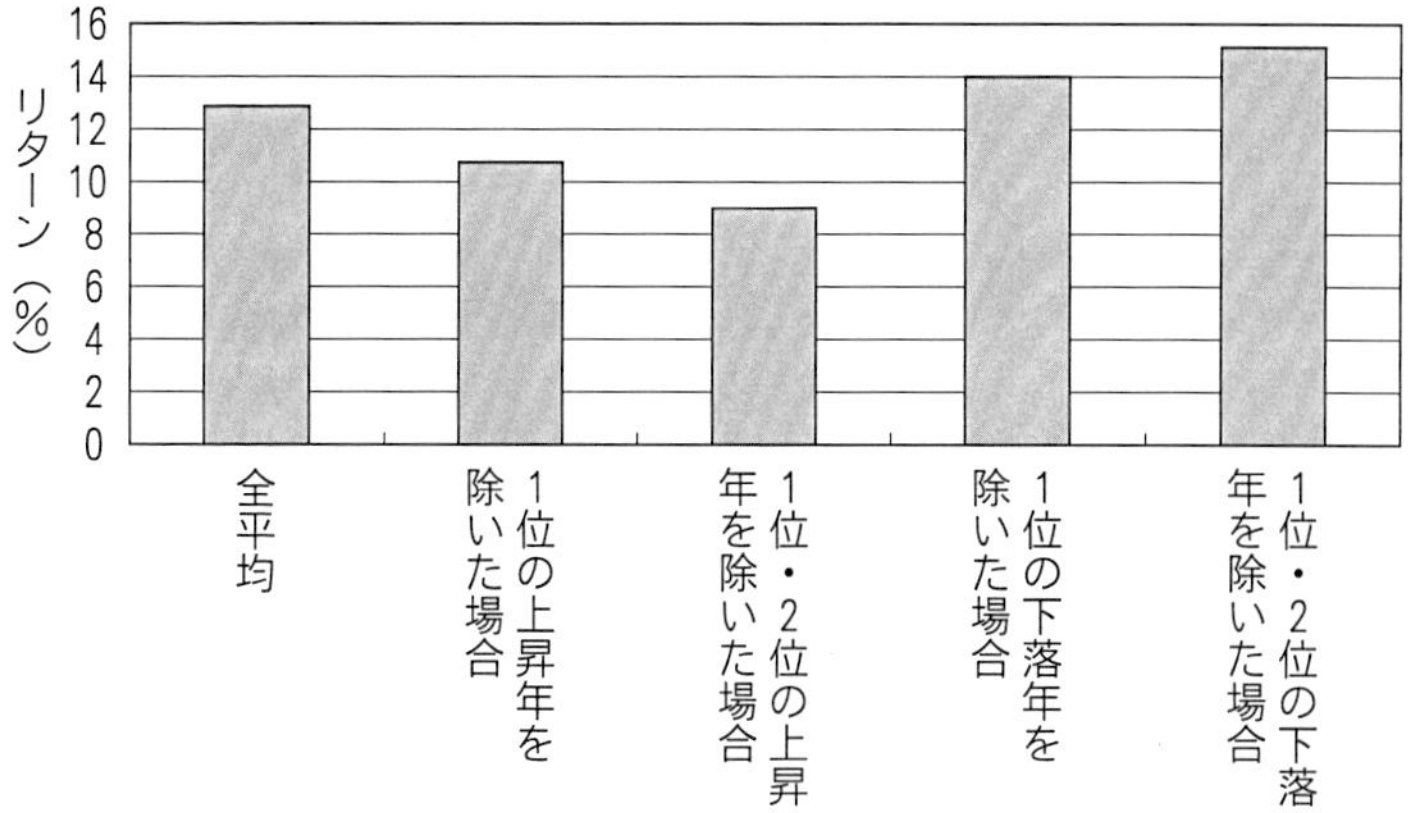


資料：東洋信託銀行編著『上級ポートフォリオマネジメント』金融財政事情研究会，1998年。

ています。１９４９年から１９９７年まで東京証券取引所の株式に投資した場合、その総平均の収益性は年率約12％でした。

ところが最も上昇した１年を除くと約２％投資成果が下がり、２番目に上昇の年も除くと約８％まで下がります。逆に１位の下落年を除くと14％程度まで上がり、１位、２位の２年間の悪いタイミングを外すと14％を超えます。

つまり、タイミングの影響は非常に大きいのであり、良いタイミングもあれば２００８年のリーマン・ショックの直前に投資した場合のように非常に厳しい目に遭うタイミングもあるということをよく理解しておく必要があると思います。

そこで、一般の方々の資産運用としてどうこの問題に対処するかというと、投資の開始時期を計画的に分散する積立投資が大切になります。具体的には投資信託を毎月定額で買い付けるという手法です。

この積立投資を行うと投資のタイミングを自動的に分散することができます。毎月1万円などと毎回の投資額を決め、機械的に何も考えずに自動的に投資を行うということです。その結果、投資の都度、投資について判断が入らなくなります。一度この仕組みをつくれば、後は資産運用について忘れていてもリスクを軽減した分散投資ができます。

投資に判断が入ると、前に述べたように、人は損を得の2倍以上強く感じること、そして、その感じ方に歪みがあることから、株式市場等の市場の状況を考えると判断に迷いが生じてしまうのです。株式市場、債券市場、為替市場といった市場環境を考えること自体は適切なことであり、現代の投資理論では基本的な考え方なのですが、一般の方々がこれを適切に行うことは大変難しいのが実情でしょう。

公的年金の運用などは長期の統計からリスクを考えると最も効率的に収益が得られるとされる基本ポートフォリオと呼ぶ原則となる分散投資の組み合わせ内容を考えた上で、その時々の市場の状況に応じて、その配分について微調整を行っています。しかし、一般の方々にはそのような調整は難しいと思われます。

こうした積立投資はドルコスト平均法と呼ばれるのですが、この投資手法は、分散投資を行うことを前提とすれば、一度に投資を行う一括投資に比較して値下がりのリスクが軽減されます。値下がりのリスクはダウンサイド・リスクと呼びます。

後で述べるように、積立投資の有効性についてファイナンシャル・プランナーの工藤清美氏は2012年に論文を発表して日本FP学会賞を受賞しました。この手法は価格下落への対策の点、ダウンサイド・リスクのコントロールの点では評価できる投資手法です。

そして投資を終了するときも時期を分散して終わるということが重要です。積立投資もその終わり方に大きな影響を受けるといわれますので、徐々に投資を終了することは大切です。なお、投資の終了の時点を目標にして、投資の内容をリスクの小さなものに徐々に変えていく運用手法をターゲット・イヤー運用と呼びます。

日本株をバブルのピークであった1989年末以降、毎月積立投資で購入を続けていれば、2013年末には積立元本を約2割上回ったという試算もあります。一度に投資しない効果は値下がりのリスクに対しては大きいといえます。こうして投資の開始時期を分散し、長期間、資産運用を続けることが一時的な価格の変動に影響されないために、すなわち投資タイミングに左右されないために必要です。

以上のようなわけで、分散投資、長期投資だけでは一般の方々が行う資産運用としては不十分であり、積立投資を組み合わせることが必要だということがおわかりいただけたと思います。

なお、2018年からは前に述べたつみたてニーサが導入され、積立投資が非課税で長期間できるようになっています。

## 5．インフレが起こっても銀行預金で

投資の開始時期の分散の大切さについて述べてきました。しかし、最初に述べたように債券や株式による資産運用に適した資金は5年以上使用しない中長期の運用資金だけであり、5年未満の期間に使用する資金は銀行預金での運用が適切です。とはいえ、デフレからの脱却が見えてきた現在、銀行預金ではインフレに負けるのではと思うかもしれませんが、それは長期的には問題はないことについて述べたいと思います。

わが国では1998年からほぼ毎年物価は下落しており、長期間デフレが続いていましたので、このデフレ脱却が日本経済のテーマの1つです。日本銀行は2013年から異次元の金融緩和を始め、2％のインフレを起こすと宣言しました。

しかし、このインフレ目標が成功すれば、公的年金のように年金支給額がインフレに連動して増額する物価スライドの仕組みのない一般の企業年金は10年後で約22％、20年後で約49％の物価上昇により目減りすることになります。企業年金の受給者には大きな問題です。

公的年金には支給額が消費者物価指数に連動する物価スライドの制度がありますが、これも現在では2％のインフレにはマクロ経済スライド率（2019年度はマイナス0・5％）の分だけ追い付かない仕組みになっていることに注意が必要です。これは後で詳しく述べます。

また、そうしたインフレ目標による金融政策がなくても、やがてインフレが来るということはよくいわれています。こうしたことがいわれる理由の1つが国債残高の問題です。国債（普通国債）は約870兆円まで残高が増えています（2019年3月時点）。GDPと比較した場合もその水準は高いものになっており、債務残高の状況は今世紀に入って急速に悪化しています。

確かに、日本銀行のインフレ目標を上回るようなインフレの可能性はあるでしょう。しかし、個人の資産運用において、将来のインフレが怖いから銀行預金にお金を置いておいてはだめだということではありません。

1994年に日本の銀行の預金金利規制は当座預金を除いて撤廃されています。預金金利は、戦後の混乱期に預金金利の高騰を避けるために1947年に制定された臨時金利調整法という法律により、実際の自由市場の金利より低く抑えられてきました。これを専門的には人為的低金利政策といいます。その後、日本は高度成長期を終えて安定成長期に入り、お金も余るようになりました。そこで規制緩和が徐々に行われ、1994年には預金金利は当座預金を除いて自由化されたのです。金利規制はわが国にお金がなく、市場にお金の動きをまかせず、規制をかけて生産活動に振り向ける時代の制度でした。

若い世代の方々はイメージできないと思いますが、シニアの方々は１９７４年に石油ショックで１年間に約23％も物価が上がった時、預金の金利が上がらなくて預金の目減りが起こり、社会問題となったことを覚えておられると思います。このために銀行預金の利率はインフレに負けるのではないかと思われるのでしょう。

しかし、預金金利が自由化された今ではこうした問題は原理的には解消されているのです。かつては銀行の預金金利だけでなく、貸出金利、そして国債の利回りも政府と日本銀行によって巧妙にコントロールされていましたが、このような仕組みは現在ではなくなっており、わが国の預金市場は自由化されています。

２００１年にノーベル経済学賞を受賞したジョセフ・Ｅ・スティグリッツ氏は、「物価が１ヶ月に８００％上がった70年代のアルゼンチンでさえ銀行預金の利子率は１ヶ月に８００％以上であった」と述べています。

石油ショックの時、預金金利が自由化されていれば当時のわが国の銀行預金の金利は少なくともインフレ率並に上昇していたでしょう。預金金利が自由化されている現在、銀行預金で運用してもインフレの点からは大丈夫なのです。銀行預金は金融市場の短期金利に連動する金利となり、インフレ率を上回ることになるでしょう。

もっとも、日本銀行の異次元の金融緩和政策の下でも、銀行の預金金利は2019年8月の時点でもまだ上昇していません。これは短期金融市場の金利水準が低いからです。日本経済がインフレ目標を達成し、実質経済成長率も上昇してくると運用期間が1年以下の短期の金融市場の金利水準も上昇し始め、それに連動して銀行の預金金利も上昇していくことになります。

日本銀行は金利については金融政策の目標としないで、マネタリーベースと呼ばれる日本銀行の当座預金残高と現金通貨の合計額を目標とし、インフレ目標を実現するために、大量の国債を購入し、実際には低金利が実現する行動をとっています。

この影響は円安、株高などさまざまな効果があるのですが、伊藤隆敏政策研究大学院大学特別教授・東京大学名誉教授は、インフレ目標を推奨し、「私の提案では、日本銀行は、まず長期国債の買い増しをすべきです」と述べ、これによって多くの現金が市中に流れたり、株式の購入に向かったり、外債を購入に向かうなどしますが、「どのようなチャネルにしろ、景気が良くなり、デフレが止まります」と述べています。その結果、金利も上昇していきます。

2019年7月の政府の中長期財政計画の試算では、現在の経済再生の政策が成功すれば

図表1－9　各種金融資産の収益率とインフレ率の関係

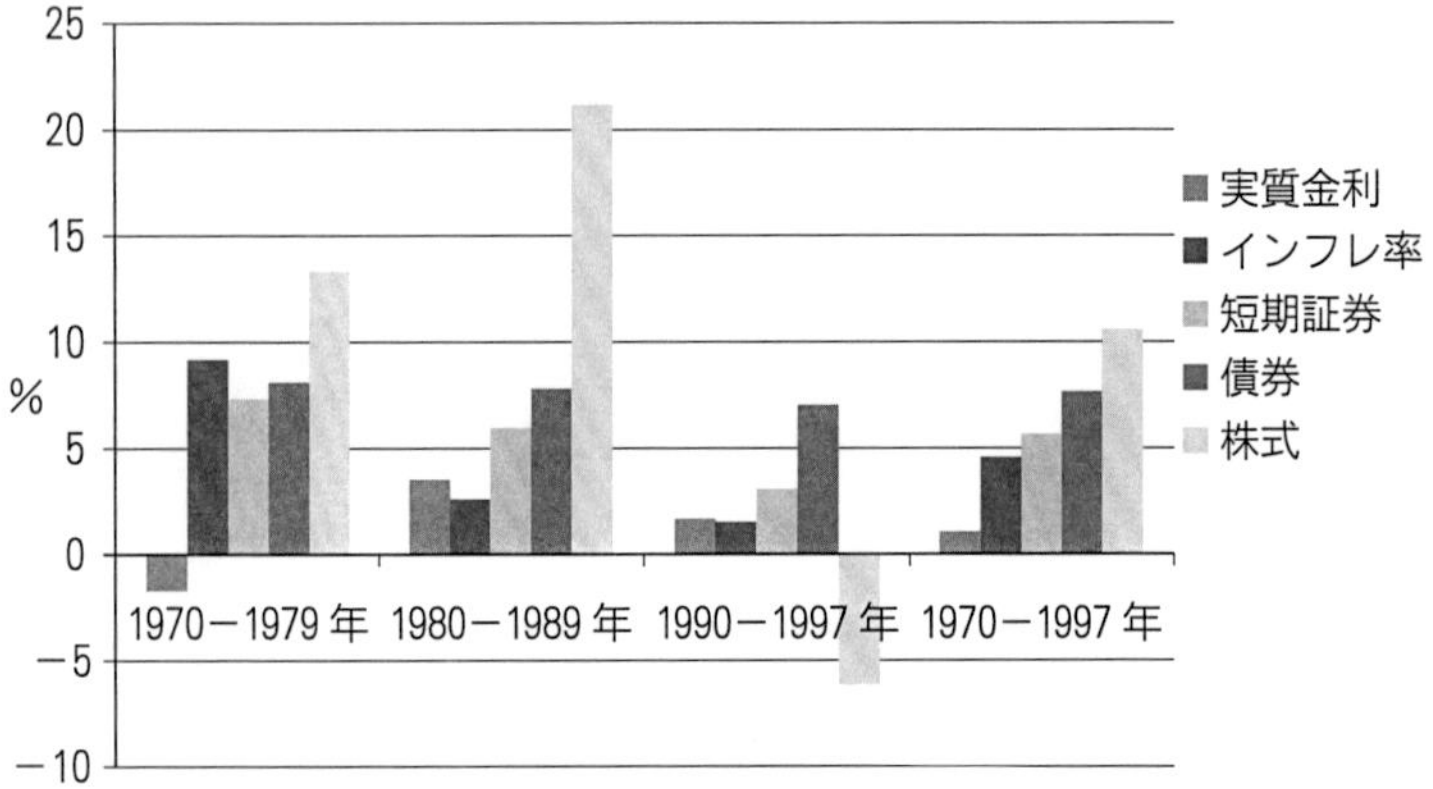


資料：浅野幸弘・宮脇　卓『資産運用の理論と実際』中央経済社，1999年。

長期金利は２０２８年度には２・９％になると試算されています。これと同時に短期金融市場の金利が上昇すれば銀行の定期預金金利も上昇します。そうでなければ、現在は低金利のために販売が停止されている円建てのＭＭＦ（マネー・マネジメント・ファンド）といった投資信託に人々のお金が流れて銀行預金が減少するからです。

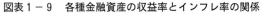

短期的にはインフレ率と短期金利の水準、つまり銀行の１年定期預金金利に差が生じるかもしれませんが、預金金利が市場メカニズムで決まる現在、それは長期的には無理なことなのです。

なお、金融資産運用の理論ではインフレ率は銀行預金、債券、株式の運用成果のすべてに反映していくと考えられています。実際、過去の長期統計で短期証券、債券投資の収益性、株式投資の収益性を見ると、長期的にはインフレ率はさまざまな金融資産運用の収益率に反映されています。

インフレ率が継続的に2％上昇すればさまざまな金融資産運用の結果も2％上昇すると考えられます。よく株式投資はインフレに強いといわれますが、それは現在では金利が自由化されている銀行預金についてもいえるのです。

長期と短期の金利差は長期的には平均すれば2％くらいと推計できますから、前に述べた政府の中長期財政計画の試算では2028年度に長期金利は2・9％になるとされているので、その時の短期金利、つまり1年定期預金の金利は1％程度と予想されます。しかし、インフレ目標が政府の試算通り達成されていれば短期金利はインフレ率を下回ることは通常ないため定期預金金利も2％程度になると思われます。

つみたてニーサによって「貯蓄から資産形成へ」の流れが起きるといわれますが、すべての個人金融資産が投資に向いているわけではありません。また、個別株式への投資で資金を運用されている人は、「投資信託なんか」と思うかもしれません。しかし、個別株式のリスクは一般の方々には大きすぎると思われます。特に、国際分散投資を行う場合は個別株式の運用は個人には困難でしょう。ホームカントリー・バイアスは個別株式で乗り越えることはできないと思います。

標準偏差で見れば、日本株式に広く投資を行う投資信託の価格変動は計測期間によって差がありますが、年間22％程度です。一方、個別株式はこの1・5倍くらいのブレ幅がありま す。シニアの一部の方は、個別の株式投資に積極的に取り組まれているといわれますが、シニアも含めて一般の方々は個別株式ではなく、投資信託を用いてグローバルな分散投資により、リスクをマイルドにした投資を行いたいものです。「貯蓄から投資へ」ではなく「貯蓄から分散投資へ」という標語が一般の方々には適切です。

なお、「貯蓄から投資へ」は、間接金融から直接金融へ、ということ、つまり、もっと広い意味の事柄を指すのではないかといわれることもあります。間接金融とは資金の出し手と取り手の間に銀行などが入る金融の方式であり、直接金融は誰も入らない金融の方式であって株式投資や債券投資が該当します。先進国となった日本では直接金融の方が経済の発展には効果があるとされています。

しかし、この間接金融、直接金融という考え方は現在では少し古くなっており、厳密な直接金融というものがあまり存在せず、多くの金融取引が市場型間接金融という状況にあります。市場型間接金融とは、直接金融と間接金融を併せ持つ性質の取引形態のことです。高度に発達した金融市場では、かつての個人投資家が株式や債券を直接に売買するという素朴な取引は効率も良くなく、適切な金融取引とはいえなくなっているという意見もあるのです。

つまり、個人投資家が情報を集めて個別の株式を買うということは、現代の金融の専門家の間では否定的にとらえる意見も少なくないのです。なぜなら、現代の金融市場は機関投資家と呼ばれるいわゆるプロが主たるプレーヤーとなっているのです。一個人が個別銘柄の株式投資を行うことは、大谷翔平選手が出場する大リーグの試合に一般の草野球を楽しむ方が入っていっしょにプレーすることに近いともいえるでしょう。

実際、現代の直接金融は市場型間接金融となっているのが先進国の実態でしょう。直接金融も市場型間接金融も市場を活用するわけですが、こうした市場型の金融システムは、約18百兆円にも達したわが国の個人金融資産を活用するために適したシステムといえます。

日本の国民に金融資産運用についてアンケート調査を行い、金融資産運用で重視する点はと聞くと一番が安全性になります。そして、実際、銀行預金で資産運用を行っている割合が高いのです。インフレが怖いから株式投資で資産運用に取り組もうとされる方々も、使用しない期間が5年未満の資金は銀行預金で堅実に運用することが適切です。

公的年金を運用している年金積立金管理運用独立行政法人では、「運用によって得られるリターン（収益率）は、短い期間では『プラス』や『マイナス』に大きく振れますが、（中略）年金積立金に運用にあたっても、長期的な観点を持って、必要なリターンを最低限のリスクで確保することを目指すこととしています」と述べています。年金運用のような手堅い運用でも短期的にはリスクは大きいのですから、短期的な資産運用は株式、債券での運用を避けて銀行預金で行うことが適切です。

一方、企業年金や公的年金のインフレによる目減りに対処するには、株式や債券により効率的な運用を行い、適切に対処する必要があります。そのため、1つの目安として5年以上使用しないお金はこの観点から株式や債券への分散投資に充てるべきです。

なお、日本銀行のインフレ目標の達成が遅れていることから、個人向けの販売開始が延期されている国債として個人向け物価連動国債があります。物価連動国債とは、通常の利率の固定した国債ですが、その元本が消費者物価指数に連動して上下する仕組みとなっており、結果的にインフレの場合の収益性の目減りを防ぐ効果があります。こうした商品を利用することもインフレへの対処の1つと思います。

## 6. 海外債券投資も単独では危険

銀行預金でも現在は預金金利が自由化されているため、インフレに対応した預金金利の上昇が起こり、インフレ対策になることについて説明しましたが、一般の方々の資産運用は収益を求めて大きなリスクを取り過ぎないことが大切です。そこで、次に海外債券投資は単独、つまり、それだけでの投資ではリスクが高いということを述べ、その対処策を説明したいと思います。

これは海外債券に投資を行う毎月分配型の投資信託が今でも人気があり、これを購入されている方が多いことが理由です。確かに、海外債券による運用成績は過去20年で見れば、年率6％程度の収益率がありました。しかし、海外債券投資は思ったよりリスクが大きい投資であり、また、その大きなリスクを考えれば収益性が低いといえ、グローバルな投資は必要ではあるものの、この投資だけに取り組むべきではないと考えるからです。

こうした海外の債券に投資を行う投資信託や海外債券が人気となる理由ですが、毎月分配金が出るなどといわれますと、つい一般の方々は購入してしまいます。特に、年金生活者の方にとっては、毎月の分配金は大きな魅力であることは、前に述べた通り、毎月分配型の投資信託の販売状況を考えれば容易に想像できます。

しかし、長期的な統計によれば、海外債券は確率約68％で、1年間に上下13％くらいの幅で変動します。つまり標準偏差が13％くらいであり、為替相場の影響を受ける海外債券投資のリスクは小さくはないのです。おそらく、海外債券に投資する投資信託に投資をしている方のほとんどはこれだけのリスクを引き受けていることを意識していないと思われます。

なお、毎月の分配金についてですが、毎月分配型の投資信託は元本の取り崩しを行いながら、元本払戻金（特別分配金）という分配金を出しているものもあります。このことがわかっている方は意外と少ないといわれています。

図表１－10　正規分布のグラフ

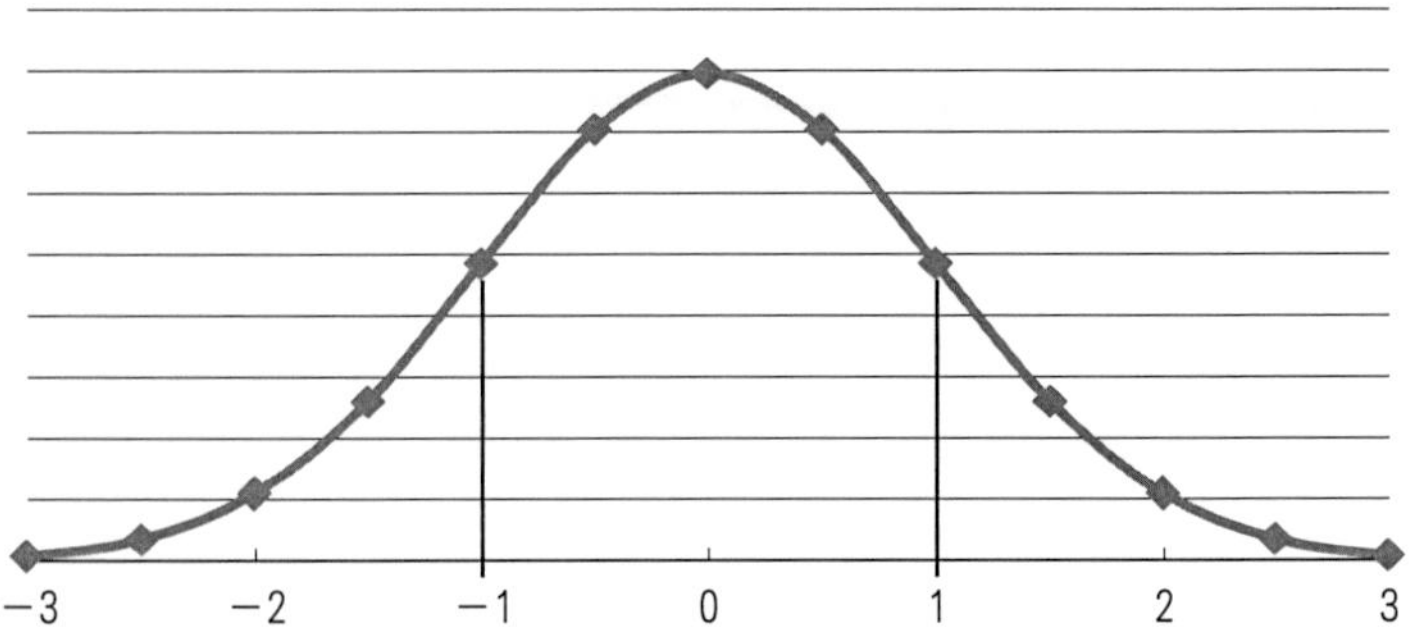


海外債券投資は意外とリスクが大きいわけですが、しかし、国内株式に3割、海外債券に7割で分散投資を行うと投資全体のリスクを低減させ、標準偏差を9％程度とすることができます。統計の取り方によっても異なりますが、概ねこうした傾向があることは事実です。しかも、この時の収益性は海外債券だけの時よりも良いものになると考えられます。

ここで前に述べた標準偏差についてもう一度述べますと、図表1－10のように正規分布という統計学上の考え方と標準偏差は関係があり、マイナス1標準偏差からプラス1標準偏差の間に物事が起こる確率は約68％となることが知られています。

そして、マイナス1標準偏差以下のことが起こる確率は約16％、プラス1標準偏差以上のことが起こる確率も約16％となります。例外はあるものの、一般的には株価や債券価格、為替相場の変動もおよそこうした確率の関係があることが知られています。そこで、資産価格のブレ具合を表す指標として標準偏差が使われているのです。

こうして価格変動の程度を標準偏差により厳密に計算していく手法で計算すると、価格変動の大きい株式投資を上手に用いると海外債券投資のリスクを減らす効果があることがわかっています。一般の方々の資産運用として効率的で堅実な運用を目指すのであれば、海外債券7に対して国内株式3を組み合わせた分散投資を行うべきということです。

分散投資の効果はやはり強力であり、1つの資産に集中投資することはリスクが高いことが理論的にも統計的にも証明されています。米国の高校生向けの経済学のある教科書では「卵を1つのかごに盛るな」という投資の格言が紹介されているものがあります。つまり、卵を1つのかごに入れると、万一かごを落としたらすべての卵が割れてしまいます。しかし、複数のかごに分けておけば、1つのかごを落としてもすべての卵が割れることを避けられます。

高校生の教科書については、金融・資本市場の記述の分量は、米国の教科書は日本の教科書のページ数の約15倍あるといった調査結果もあります。米国と日本の高校とでは投資教育の取り組み方が違い、その長年の蓄積が、日米の個人金融資産の内容の差となっている可能性もあります。日本人は個人資産の約53％を預貯金で運用しています。これに対して米国では銀行預金はわずか13％程度ですが、一方、株式では36％くらい運用を行っています。これは投資環境の違いが大きいのですが、投資教育の差も1つの要因ではないかと思います。

実は、第二次世界大戦前の日本は、株式取引や債券発行も盛んで市場主義的な経済でした。それが戦争に突入していく中で生産優先となり、株式市場、社債市場は縮小し、銀行取引中心の間接金融主体の国となりました。戦後もそれは続き、銀行中心の金融の仕組みが維持されて結果として国民に対して貯蓄増強はいわれましたが、投資教育は行われなかったのです。

しかし、日本では投資教育に取り組もうとしても反対意見が多いかもしれません。日本銀行の金融緩和政策で、２０１３年は１００年に二度から三度しか起こらないと思われる株価上昇が起こりましたが、バブル経済崩壊後の日本株の長期的な低迷を見ればいかがなものか、ということになるわけです。

とはいえ、前に述べた通り、グローバルな分散投資を行った場合を考えると、バブル崩壊後の株式投資の運用実績も違ってきます。確かに、２００８年のリーマン・ショックの時に、一時的にグローバルな分散投資も効果がなく、現代では国際分散投資はもはや効果がないという説も強くいわれましたが、それから時間が経ってみるとやはり効果はあったといえるのです。つみたてニーサの制度が導入された理由もこの点にあります。

ですから、比較的良い運用成績を得ている海外債券投資も、リスクを減少させるための分散投資の投資対象の1つにとどめるべきでしょう。ちなみに、企業年金連合会の年金資金運用では、債券による運用については国内債券8対海外債券2の割合で運用することを基本としており、海外債券に多くの投資は行っておりません。

企業年金連合会では海外債券の予想収益率は年率3％と、国内債券の年率1・5％よりかなり高く見積もっていますが、リスクを考えると多くは投資できないと判断しているのです。なお、企業年金連合会は国内株式の収益性は年率5％、海外株式の収益性は年率7％と考えています。

また、為替リスク、つまり為替相場の変動性について触れておきますと、為替リスクは海外の債券、株式に投資を行うために取るリスクであり、このリスクそのものは積極的に取るべきリスクではありません。為替取引は通貨の交換取引という性質から、為替リスク自体からは収益は生まれないと考えるのが、年金運用などの長期運用の専門家の間での一般的な立場です。こうしたことも一般の方々には知られていないことですが、投資教育で知らされるべき事柄の1つと思います。

## 7. 急激な新興国投資は避けて

一般の方々に、海外債券投資の人気が高いことから、そのリスクの大きさを述べ、対処策を説明しましたが、海外株式については新興国株式が人気を集めた時期があります。今世紀に入り新興国、ブラジル、ロシア、インド、中国等の台頭がいわれました。確かに、BRICS（ブリックス）と呼ばれる新興国の2014年のGDPの合計値が世界に占めるシェアは、物価の格差を調整した購買力平価ベースで30・6％となり、主要7カ国、G7の合計値31・8％にほぼ並ぶ大きさとなっています。この購買力平価は後で詳しく述べますが、BRICS等の経済は一時ほどの勢いはありませんがその後も拡大し、新興国諸国の株式を対象とする代表的な株価指数のMSCIエマージング・マーケット・インデックスは、2018年には過去最高を記録しました。

しかし、新興国の株価は値動きがきわめて大きいもので、比較的短期間に大幅に価格が上昇し、また、大幅で急激な下落もあるのです。ですから、今世紀になって新興国への株式投資、債券投資がいわれていましたが、一般の方々にとっては、そのリスク、つまり価格の変動性に十分な注意が必要でしょう。マスメディアで新興国の発展がいわれると、一般の人はそれを信じて新興国株式への投資が良いものと安易に信じてしまいます。しかし、高い収益性を秘めているとはいえ、新興国への投資が一般の方々にとり投資資金を集中する対象となるのか、疑問があります。

たとえばシニアの生活を支える年金について不安がいわれます。しかし、実はサラリーマ

図表１－11　勤労者世帯の消費支出の月額（2015年）

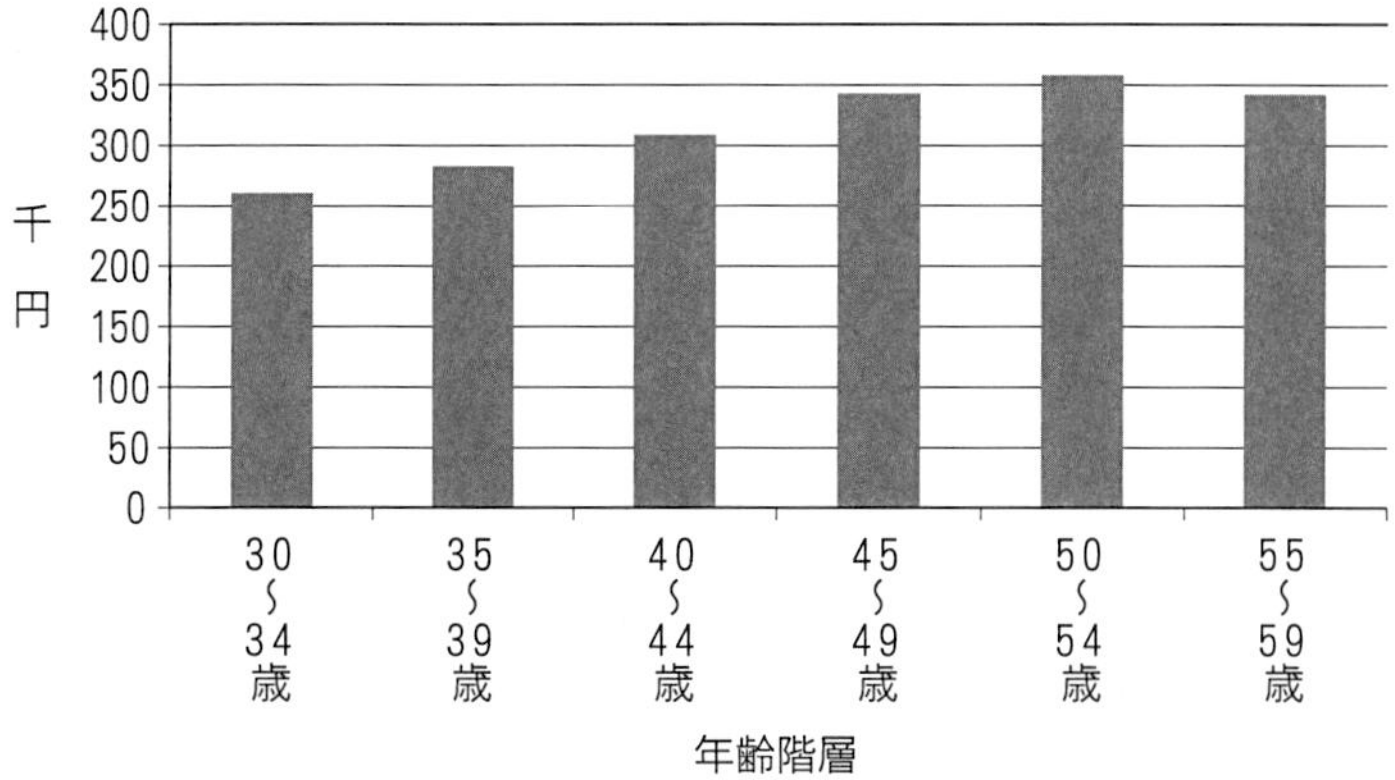


資料：金融広報中央委員会ホームページ。

ン世帯であれば公的年金、企業年金、そして退職金を適切に運用しながら取り崩すことで、現役時代に近い生活を送れる方は少なくないのです。ですから、大きなリスクを引き受けて新興国向け投資の高い収益性を追い求める必要はないといえます。

勤労者世帯の月間の消費支出の額を見ると、30歳代後半で28万円ぐらいとなっています。そして、50歳代前半でピークの36万円となります。一方、公的年金は妻と２人の元サラリーマン世帯で平均的には月額約22万円と言われています。

この月額約22万円という数値ですが、これではとても暮らせないと思われるかもしれません。しかし、元サラリーマンでも大企業の場合は確定給付型の企業年金があります。企業年金は終身受け取りの場合、平均で見れば月額７万円くらいはあるようです。これと合わせて月額が29万円となります。

また、企業年金に代えて退職金のみが一時払いされる場合の退職金額は、一般的に約20百万円程度ですので、この半額の10百万円を、運用利回りが4％として25年間（60歳の男性の平均余命約23年＋2年）で取り崩すと月額5万円くらいになると考えられます。運用利回りの4％とは、日本の予想される実質経済成長率を2％とし、これに債券や株式に投資信託を用いて分散投資を行った場合の収益である2％を加算したもので、インフレ率は含みません。この計算根拠については後で詳しく述べますが、決して大きなリスクを取った運用内容ではありません。なお、公的年金の運用の収益の目標は概ね4％以上です。

また、政府の中長期の財政計画の試算では、現在の経済再生の取り組みが成功すれば、2023年度に実質経済成長率が2％になる予測となっています。この本で用いている実質経済成長率を2％とする見方は、政府の現在の経済再生の取組みが成功したケースで考えていることになります。

これらの値と現役世代の消費支出の数字を比べてみれば、夫婦2人のシニア世帯は日常生活について見れば、30歳代の夫婦と子供2人の現役世代と同水準の生活が可能な方も少なくないと考えることができるでしょう。

実際、夫が65歳以上の夫婦2人の世帯の月額平均支出は約26万円といわれていますので、元サラリーマン夫婦の場合は、公的年金以外に月額で約4〜5万円、年間で約48〜60万円の金融資産、具体的には退職金の取り崩しで済みます。平均的な企業年金のある方であれば、金融資産の取り崩しは日常生活を送るにおいては起こらないと思われます。

ただし、シニアのライフプランでは新しい課題も出ています。その1つに介護の問題があります。公的介護保険もありますが、自己負担部分の準備も必要です。生命保険文化センターの試算によれば、最も利用が多いと考えられる在宅での介護保険のサービスを受ける場合でも、自己負担の月額は約4万円となっています。そして、最も費用がかかる場合としては、介護付き有料老人ホームでのサービスを受けた場合、介護保険対象外の費用として月額18万円の負担が生じるとされています。こうした課題への備えが必要でしょう。

そして、前に述べた通り、日本銀行のインフレ目標があります。目標とする年率2％のインフレが起こった場合、公的年金の金額は原則としてインフレ率や賃金上昇率から現役人口の減少率と平均余命の伸びた分だけ削減される仕組みとなっています。これをマクロ経済スライドと呼びます。この制度は公的年金制度を維持するために2005年度が開始年度とされましたが、デフレが続いたため2015年度から初めて実施されたものです。そして、2018年度から未削減分を翌年度以降に繰り越すキャリーオーバーの制度も付加されました。日本銀行のインフレ目標がシニアの方にとって問題となる点は、このマクロ経済スライドが発動されて公的年金の物価および賃金に対するスライドに制限がかかることです。2019年の公的年金の「財政検証」ではマクロ経済スライドの長期継続で2046年度では年金の支給額は2019年度に比べて約16％目減りするとされています。また、企業年金には年金支給額の物価スライドがありませんので問題はさらに大きく、日本銀行の目指す2％のインフレの実現によりその価値（購買力）は35年で半分になります。

こうした点を考えると、シニア世代でもやはり資産運用は大切です。しかし、そうした点を除けば、シニアはむやみに高い収益性をめざして新興国投資を行う必要はないということをお考えいただきたいと思います。

なお、自営業の方々は老齢基礎年金だけですから、サラリーマンのような老齢厚生年金も退職金もありません。したがって老後資金の準備は大切です。ただ、サラリーマンに比べて引退の時期が遅い点に注意が必要です。自営業者の方の約4割は、年齢が60歳を超えているといわれます。シニアになっても働いて所得を得る機会に恵まれているので、この点はサラリーマンとは大きく異なります。つまり、自営業者の方々の生涯所得は少なくはないと思われ、やはり本当に高い収益性が必要か考えるべきでしょう。

ともあれ、新興国投資の魅力は上手に使いたいものです。確かに中国、インドなどの国々は10年単位で見ると大きく成長する可能性は高いと思われます。そして、新興国投資の収益性は高いのですが、価格変動も大きく、いわゆるハイリスク・ハイリターンの投資なのです。たとえばインド株式に投資を行う投資信託の過去10年の収益率は年率約6％程度、そして標準偏差は24％程度でした。日本の株式に分散投資を行った場合の収益率年率7％程度、標準偏差18％程度でしたので、過去10年についてみれば日本株に投資をしていた方が良かったことになります（2019年8月時点）。

また、この標準偏差24％程度とは世界の株式に分散投資を行った場合の標準偏差17％程度の約1・4倍に相当します。新興国の投資信託はそれほどリスクが高いということです。

そこで、新興国向け投資はまず投資の量を抑え、投資の開始時期を分散して少しずつ行うことが不可欠となります。資産運用のポイントは収益の追求よりもリスク・コントロールにあります。積立投資による投資開始時期の分散は、このリスク・コントロールを一般の人々に可能にする1つの手法です。

新興国向けの投資は分散投資の一部として比較的少額にとどめて活用すれば、分散投資の効果で資産運用全体の収益性を増してリスクを小さくする効果があります。前に海外債券投資に日本株式を少し加えると全体のリスクを小さくすると述べましたが、それと同じ仕組みでリスクの低減効果と収益の増大の効果を得ることができます。このように、新興国向けの投資は適切に行いたいものです。

企業規模の比較的小さい企業の株式への投資を小型株投資といいますが、これは「投資のスパイス」といわれたことがあります。新興国株式投資も資産運用のスパイスとされてはと思います。少量で十分な効果がある投資対象であり、大量に、そして一度に投資する資産ではありません。

なお、シニアの生活状況は平均では語れない部分があります。岩井克人国際基督教大学特別招聘教授・東京大学名誉教授は、「日本の不平等化のかなりの部分が、人口の高齢化によって説明できることは、少なくとも経済学者の間では常識となっています。高齢者の方が若年者よりも世代内の不平等がはるかに大きいわけです」と述べています。そして、岩井教授は不平等のすべてが高齢化で説明できるわけではないが、わが国の格差問題の多くは高齢化で説明できるというのが経済学の通説であると述べています。こうした通説も一般の方には知られていません。

## 8. ちょっとだけ低めの運用を目標にして

一般的には高い収益性が予測される新興国への投資はリスクも大きいと述べ、一般の方々はそのような収益性の高い運用は少量とし、一度に投資を行うのは避けるべきではないかと述べました。

そこで一般の方の老後資金、子供の教育資金、住宅ローンの頭金等ライフプランのための資金づくりに適した投資信託商品としての1つとして、バランスファンドを考えたいと思います。投資信託にはバランスファンドと呼ばれ、1つの商品で国内・外の債券、株式に分散投資ができる商品があります。この金融商品については、後で詳しく説明しますが、これを用いて適度なリスクと適度な収益、いわゆるミドルリスク・ミドルリターンを目指すことが大切です。そこそこの収益性とそこそこの価格変動性を目指すことがライフプランのための堅実な資産運用では大切です。

バランスファンドには、運用管理費用（信託報酬）と呼ばれる費用が高い商品が多いのですが、つみたてニーサの対象商品のように安価な費用の商品もあります。そうしたタイプのバランスファンドを有効に活用して資産運用をされてはと思います。

国内・外の株式、債券の4つの資産に分散投資を行う運用も、そうしたバランスファンドは価格変動に対してリバランスという資産配分の見直し作業を定期的に行い、適切な運用を続けるといわれています。こうした投資信託を用いて長期に投資を行うことが一般の方々の資産運用には相応しいと思います。

こうして検討してきますと、一般の方々のライフプラン実現のための資産運用は、少し低めの収益目標を掲げることがポイントでしょう。高い収益性を追求する資産運用には大きな価格変動がつきものです。ハイリターンにはハイリスクが伴うということです。ローリスクでハイリターンの投資はないといえるでしょう。

これは専門用語でいうと金融の世界は裁定が働くといいます。割高な金融商品と割安な金融商品があると、瞬時に割安な金融商品に資金が集まり、その金融商品の価格は値上がりして割安さは解消されてしまうという取引が金融取引では起こります。ローリスクでハイリターンの投資商品があれば、投資家が殺到してその投資商品の価格が上昇し、ハイリターンはローリターンになってしまいます。そういう取引が起こるので、「世の中にうまい話はない」のです。

では、具体的にどのくらいの水準の収益性を目指すかといえば、銀行の1年定期預金の金利よりもプラス2％を目指してはと思います。長期の統計データを検討し、運用にかかる費用などを考えますと、1年定期預金金利プラス2％程度という収益が、国内・外の債券や株式に分散投資をして得られる場合の平均的な値と思います。

将来の予測としても、専門的にはビルディング・ブロック法と呼ばれる推計の手法で計算を行うと概ねこのような結果が導かれます。このビルディング・ブロック法とは、年金資産の運用を計画する時に収益性の目標設定のために用いられる手法であり、ある資産の収益をいくつかの構成要素に分け、それぞれについて収益を予測し、それらを積み上げて将来の収益を予測する方法です。他にも方法はあるのですが、この方法は欠点が少ないといわれています。

# 第 2 章

# 資産運用のポイント

## 1．経済成長の仕組み

第1章では一般の方々のライフプランのための堅実な資産運用のポイントをまとめて述べてきました。その中で株式投資や債券投資の重要性を述べましたが、それらがなぜ収益性が高いのかという点について述べたいと思います。そうした仕組みを知ることが資産運用に取り組む時の基礎になるからです。

金利が自由化された銀行預金も、現在では経済の状態を反映する金融商品です。前に述べたように戦後長く銀行預金の金利は政府、日本銀行によって規制されていました。そして実体経済のリスクは銀行によって負担され、国民には安全な預金商品しか提供されていなかったので、国民が金融経済について考える必要はありませんでした。実際、１９９０年代初めにバブルが崩壊した時、多くの国民にとっては株式市場の崩落はいわば他人事であり、不動産価格の下落は喜ばれ、当時はバブル潰しなどといって日本銀行の政策が歓迎されたのです。バブル崩壊が他人事でないと国民が知ったのは、１９９８年に大手の銀行が破綻し、銀行預金に影響が及ぶと知ってからです。現在では株式市場の重要性は広く国民に知られていますが、その仕組みを理解する方は少ないと思います。

現在では銀行預金について考える時でも経済の状況を考える必要があり、さらに銀行預金より良い収益性を得ようとすれば、リスクを取った資産運用が求められ、金融経済についての理解が必要になる時代となっています。

株式、債券での運用の収益の源は大きく考えれば経済成長に求められますが、では、その実体経済はどのように成長するのでしょうか。これについては、経済学では一般に資本、労働、そして技術進歩という3つ要因を経済成長について考えます。3つの要素のうち、労働力人口が日本の戦後の高度経済成長の主な要因ではなかったことは前に述べた通りです。これは日本だけのことではなく、先進国の戦後復興期の高い経済成長率のかなりの部分が、技術進歩に支えられていたといわれます。

この技術進歩という考え方は、経済成長率から労働の部分と資本の部分を引いて算出するものであり、実際に観察できるわけではありません。しかし、成長会計と呼ばれる考え方で専門家には広く知られており、真の経済成長は技術的要因によるとされています。

技術は時間とともに世界各国に伝わっていきますので、長期的に見れば経済成長は世界各国で同じ成長率になるともいえます。たとえば先進国が新興国に追いつかれるという時は、新興国の技術が先進国に追いつき、そして労働力人口やその賃金が先進国より優位にあることから経済成長率で逆転されると考えられます。こうしたことから、わが国の経済の悲観的見方も出てくることになります。もっとも、新しい経済成長の理論では技術進歩だけでなく、各国の資本、労働の内容によって経済成長は異なるとされます。また、社会の仕組み、たとえば市場構造、規制の程度・内容、企業の構造も影響が大きいとされています。

この社会の仕組みについて、1998年にノーベル経済学賞を受賞したハーバード大学のアマルティア・セン教授は、日本は優れた経済社会モデルを備えているとし、現在でも「人が中心」という価値観を変える必要はなく、「日本の経済や社会が崩壊するといったデマには動じるべきではない」と述べていることは注目すべきことのように思います。

また、岩井教授は、日本は「ポスト産業資本主義」の時代にあると述べています。戦後の日本は、「後期産業資本主義」の時代であったのであり、重化学工業化以降の社会で、大規模な機械制工場や流通ネットワークを必要とするとともに、こうした設備を運営するための専門的なノウハウや高度の熟練も必要とする社会でした。

そして、岩井教授は、日本の会社は、「ポスト資本主義という新たな時代と親和性をもっている」と述べています。ただし、従来のままで良いわけでもなく、知識と能力をさらに伸ばす人的組織を備えなくてはならないとも述べています。

ともあれ、労働力人口、つまり働く人の数が減っていくのだから、日本の経済成長は難しいだろうと考えやすいのですが、それだけ、頭数の問題だけではないというのが経済学における標準的な意見でしょう。

手作業で行っていたことを高度な機器を用いて達成するようになれば、その生産性は上昇します。そして多くの生産物を作りだすことが可能になります。たとえば自動車の自動運転ですが、2019年7月に日産自動車が高速道路で手放し運転が可能な車を発売しました。ドライバーは赤外線カメラで前方を注視しているか監視されているそうですが、大きな技術進歩でしょう。こうしたことがあらゆる分野で起こるということです。

しかし、前に述べたように、2014年から人手不足がいわれるようになり、パート、アルバイトの賃金が上昇したり、デフレからの脱却ができるメドがつきつつあることについても金融緩和の効果ではなく、労働力の減少がわが国のマクロ経済で見た供給力を低下させて生じているという意見もあります。つまり、頭数は重要だという意見です。

確かにそうした考え方もできるように見えます。しかし、歴史を振り返れば、日本が高度経済成長を続けていた1960年代の実質経済成長率は約11%でした。その内訳は、資本の貢献が約7%、技術進歩が約4%、そして労働の経済成長への貢献は1%未満でした。つまり、日本は労働力を要因として高度経済成長を達成したのではないのです。

ですから、日本は資本の蓄積、労働の質の向上、技術進歩で約2%の成長をするという試算も行われており、現在でも多くの経済学者は概ねこの程度を考えているといわれます。政府の労働力の減少に対する成長戦略も、この技術進歩を大きくすることを目指しています。

吉川教授は、「先進国における経済成長は、労働者がシャベルやツルハシを持って工事をしていたところにブルドーザーが登場するようなものなのだ」と述べ、イノベーションの大切さを説明していますが、わが国の労働力の減少はイノベーションによって対処されると思います。

技術進歩、イノベーションによって新しいニーズを生みだすような展開が起これば、経済の拡大は進んでいきます。1つの例は携帯電話やインターネットの進歩でしょう。今では携帯電話やパソコンのための費用がかなりの額となっています。こうした需要は、かつては考えられないことでした。このように新しい需要があれば経済は発展するのです。医療、介護、環境・エネルギーなどわが国には新たな需要が起こる分野が多くあると思います。

需要のある分野の産業が発展すれば経済は成長するのであり、また、その経済成長の主たる要因は労働力人口の問題ではないといえるのです。こうしてわが国の経済成長が引き続き可能であること、そして世界各国の経済成長は、それぞれの持てる資源を有効に活用しながら成長を続けるという見通しを持つことができるのです。

わが国の経済成長が低下した原因の1つにデフレがあり、デフレによって実質賃金が上昇したことや資本のコストが上昇したことがあるという意見も主張されています。資本のコストが上昇するとは、金利はマイナスにならないので物価が下落すると物価を考慮した実質的な金利が上昇することを指します。こうした見方からは、技術進歩があり、労働も一定の水準が確保されていることを考えれば、デフレを克服すれば資本コストは下がり、経済は復活することになります。

このように考えてくると、わが国の株式に投資を行うこと、そして世界各国の株式に投資を行うことは収益を得るために適切な投資であることがわかると思います。

債券投資についても実体経済を反映してその収益性、すなわち長期金利の水準が決まりますので、経済成長の水準がその収益性の基礎となります。世界の経済の発展は、不安定さは付きまとうものの、これからも続いていくことは間違いないところでしょう。ですから、債券投資の収益性も変動はあるものの、ある程度の水準を保つと思います。

なお、人口減少について労働力の不足を意味するというのであれば、経済成長とともに労働力不足から賃金が上昇し、若年層の経済的格差の改善に貢献する可能性があります。わが国では、高度経済成長時代に大企業と中小企業の賃金格差がいわれ、この二重構造は日本経済の宿命であり、底辺の労働者は永久に低賃金に苦しむとされました。

しかし、実際は省力化の難しい流通・サービス業を中心に賃金が上昇し、「金の卵」と呼ばれた若者が都会に出たので、人口が減った農村では人手不足から賃金が上昇しました。こうして賃金上昇によるインフレが起き、その賃金上昇はやがて「1億総中流社会」と呼ばれた平等社会を実現しました。こうした歴史を考えますと、人口減少は人手不足現象となって低生産性の産業での賃金上昇を起こし、格差社会の拡大防止に効果があるように思います。

## 2．国際分散投資が基本

経済成長の要が技術の進歩・発展であることを述べましたが、経済成長は株式投資、債券投資の収益の基礎となるものです。しかし、実際の経済成長と景気変動は国によってその状況が異なります。確かに、経済成長の大きな要因は技術進歩であり、前に述べた通り、長期的にはそうしたものは各国に伝わり、世界の経済成長率は同じになると考えられます。しかし、各国で資本や労働の具体的な状況は異なりますので現実には国によって差異があります。ある国が成長するかどうかは、資本、労働、技術進歩の他に、社会制度等多くの要因があるのです。そこで、経済状態が異なる各国の株式や債券に投資を行えば、さまざまな投資結果が得られることになります。したがって、分散投資を考える場合、その対象をグローバルに考えて海外の株式、債券を取り入れることが大切です。日本の株式や債券だけで運用しようとすると、日本の経済の状況に資産運用の成果が左右されてしまいます。しかし、世界各国に分散投資をすれば、さまざまな国の経済成長、景気変動の結果を取り入れ、全体としてブレ具合の少ない収益を得られる可能性が高いといえます。

そして、わが国の経済成長より、世界の他の国の経済成長の方が高い可能性はあると思います。ですから、世界の国々に投資を行うことで収益を得て、我々の生活を豊かにできるでしょう。わが国の名目GDPは約550兆円ですが（2018年度）、個人金融資産は約1、800兆円あります。そのためGDPを1％、5・5兆円成長させることより、金融資産の運用利回りを0・5％だけ上昇させることによって得られる所得は9兆円となり、こちらの方が大きいといえます。これを実現するには、世界各国の経済成長から投資収益を得ることが不可欠となります。

そもそも、金融資産を日本国内の預金、株式、債券だけで運用することは、それ自体に問題があります。これは、前に述べたようにホームカントリー・バイアスと呼ばれて非効率な投資と考えられています。GDPで見れば、世界の中で1割もない日本の経済だけを背景とする株式、債券にだけ投資を行うことは避けたいものです。

知っておくべき点は、為替相場変動のリスクを伴う国際分散投資、国内・外の債券、株式に投資を行うことは、思われているほどリスクのある投資ではないのです。むしろ、国内の株式だけに投資を行う方がリスクは高いのです。数値でいえば、国内・外の債券、株式の4資産に均等に投資を行う投資信託の標準偏差は10％程度であり、国内株式へ投資を行う場合の22％程度よりはるかに小さいのです。

しかし、国際分散投資を行う上で注意すべき点は、海外の事情はわかりにくいということがあります。その点を考えると個別の株式や債券の投資を海外で行うことはお勧めできません。たとえばリーマン・ショックの前提となった米国における今世紀の住宅バブルについてですが、日本ではその問題性が強く意識されることはほとんどなかったわけです。海外への投資にはこうした情報の分析の点での問題があります。

そうした問題を小さくする可能性があるのが投資信託という金融商品です。この商品は分散投資を手軽に行える仕組みとなっています。その分散投資も現在では理論的な分析が進み、前に述べた多くの株式や債券に、機械的に分散投資を行うインデックス運用という消極運用の手法が取り入れられています。消極運用については後で述べますが、投資対象の株式の銘柄選択を行わず幅広く投資をするという手法です。

株式投資の格言で「遠くのものは避けよ」という言葉があります。これは、あまりよく知らない分野の銘柄の株式には手を出すなという意味です。その意味では、海外の株式は事情がよくわからないので避けるべき投資対象といえそうです。

確かに個別の株式に投資をする場合はそうですが、インデックス運用という手法を用い、その市場全体に投資を行えば、そうした情報面の問題はある程度対処できます。インデックス運用の理論的な背景である効率的市場仮説によって、その国の株式市場自体が持っている情報処理能力を活用しているので情報面の問題を小さくできるのです。

「ある程度」と述べたのは、各国の株式市場、債券市場についてみると、先進国は市場の整備ができていて情報の流れがよいのですが、新興国の場合は市場の整備がまだ不十分なため、市場の情報処理が非効率でありインデックス運用も信頼できない場合があります。この点からも新興国への投資は十分な注意が必要となると思われます。

こうした観点から、国際分散投資は投資信託を活用する運用以外は行わない方がよいと思います。たとえば海外の個別の債券投資がよく宣伝されていますが、このような個別投資は、海外の事情がよくわからないという情報の点で問題がありますので避けた方がよいでしょう。海外の個別株式を購入する方はほとんどおられないのですが、海外の個別債券については投資をする方は結構おられるので注意したい点です。

そこで、ここで個人向けに販売される外債について説明しておきますと、こうした外債は海外で発行された外貨建ての債券のうち、わが国の個人が購入されやすいように設計された債券が多いといわれています。

そして、その大半は金利の高い国の通貨で発行されています。現在の債券市場は、デリバティブ市場と呼ばれる高度な金融商品の市場を活用して商品設計が行われており、債券を発行しようとする者が、通貨も発行国も金利通貨スワップと呼ばれる手法と組み合わせれば、自由に選ぶことができることが背景にあります。

特に、格付の高い国際機関などはそうした傾向があります。こうした国際機関は個人の方の信頼を得られやすい傾向があるため、債券の発行者として企画の対象となりやすい傾向があるといえます。

こうした外債は債券の発行者が発行を考えて企画、立案するのではなく、証券会社が販売面を考えながら債券の発行者に発行の提案を行うことによって実現しているといわれています。つまり、ある債券の発行者が債券を発行しようと考えるのではなく、販売面を考えたわが国の証券会社が主導して発行が企画されるのです。

たとえば、インド・ルピーやトルコ・リラで発行される外債でも、債券の発行者である国際機関がその資金をインド・ルピー等で使用することはなく、金利通貨スワップを使って米ドルに変換して使用しています。

つまりインド・ルピー等は、高金利で個人投資家が購入する意欲があるのではないかという点、また、金利通貨スワップの手法によって債券発行のコストが発行者にとって魅力的であることの2点から発行通貨が選ばれます。

ただし、こうしたことができるのは前に述べた通り信用リスクの小さい発行者だけであり、格付が高くないと難しいことは事実です。そこで結果として、個人向けに販売される外債は高い格付と高金利通貨の外債となっていることが多いようです。

そしてこの高金利通貨も、新興国の中でも発展が続くイメージの高い国の通貨が選択されているようです。知る人ぞ知るということでは個人には販売しにくいわけです。一般的にイメージが良い国の通貨を使用することによって、販売面を良くしようというのが設計の狙いと思われます。しかし、そのようなイメージで投資を行うことは避けるべきです。

また、現在では格付という概念は、ＡＡＡ（トリプル・エー）といった高い格付については一般の方々でも知っていますので、販売担当者が簡単に説明でき、こうした債券の発行者が発行する債券が個人向けの外債に選ばれるのでしょう。

そして、債券の利払いは通常年1回か年2回ですが、個人向けに発行された債券は、毎月利払いを行うように設計されることもあります。これは投資される個人の方が保有実感、投資実感を得るからであり、資産活用型の運用をされる方、具体的には年金生活者の方のニーズに合っているように感じるからです。

利払い事務を担当する証券会社としては、利払いの回数が多ければ多いほど事務コストがかかりますので、毎月の利払いを行う債券は避けたいところです。にもかかわらず、販売面を考えてこうした設計がなされていると思われます。

話をもとに戻しますと、優れた国際分散投資の1つはグローバル・インデックス運用による国際分散投資でしょう。これは世界の株式や債券にインデックス運用で臨む分散投資であり、世界の成長を取り込みながら運用できる手法といえます。しかも、刻々と変化する世界の市場の情勢も反映していきます。一定の国、地域への投資割合を定めず、どこの国の、どの銘柄の株式、債券に投資するかも市場の情勢に任せるのです。

こうした投資は専門的にはグローバル市場ポートフォリオと呼ばれます。世界の債券、株式の時価の割合に応じた投資であり、世界の債券、株式の市場が統合され、自由に資金が行き来していると仮定するのであれば、こうした投資を行うことが一番効率が良いとされています。これは、また、定期預金のような価格変動のない運用資産がある時には、この資産配分でのリスク資産運用と定期預金を組み合わせれば、どのような投資家にとってもベストの運用ができるとされています。

これは専門的には「トービンの分離定理」と呼ばれる考え方で、この考え方を提唱したジェームズ・トービンは1981年にノーベル経済学賞を受賞しています。この理論が登場するまでは、債券、株式などのリスク資産の分散投資の資産配分の中で効率的な組み合わせは特定できるが、個々の投資家にとってどれがベストかは個々の事情によるとされていました。それが定期預金のような価格変動のない資産がある場合はそうではなく、市場ポートフォリオの資産配分でリスク資産運用は良いのであり、個々の投資家の事情は、定期預金のような資産と市場ポートフォリオで運用するリスク資産の割合を変えるだけで、ベストの選択ができるとわかったのです。

もっとも、世界の債券、株式の市場は実際には統合されているとは言い難いのが実情です。そこで実際問題として、日本の債券、海外の債券、日本の株式、海外の株式の4つの資産を取り上げ、これらによる資産配分、すなわちアセット・アロケーションを考え、国際分散投資を行っていくことが伝統的な手法となっています。そして、海外資産については制限を設ける場合もあり、たとえば企業年金連合会では為替リスクは運用資産の30％以内としており、実際の運用でグローバル市場ポートフォリオを取り入れることは難しいでしょう。

ともあれ、堅実な資産運用のために何らかの形で国際分散投資を実践したいところです。そして、個別株式や個別債券では海外投資は困難であるため、国際分散投資を実践するには投資信託の活用が不可欠でしょう。

## 3．投資タイミングにかけない

海外の債券、株式に投資を行う国際分散投資が実は思ったほどリスクは大きくなく、良い収益を安定的に得る手段であることを述べました。そして、投資タイミングにかけるタイミング・アプローチについては、かなり問題があることは前に述べました。タイミングの投資成果に対する影響は大変大きく、それを上手に捕まえることは困難であるからです。

ここで投資タイミグを考えることが困難という考え方について詳しく述べます。投資タイミングに賭ける投資手法を問題とする立場は、前に述べた効率的市場仮説が背景となっています。この効率的市場仮説の考え方はポートフォリオ分析という立場に結びついています。やや専門的な話となりますが、資産運用には3つの流派ともいうべき考え方があります。それはファンダメンタル分析、テクニカル分析、そして今述べたポートフォリオ分析です。

ファンダメンタル分析とは世界経済、日本経済の分析や個別の企業の財務状況の分析から、今後の業績を予測して証券の価値を算出し、それを市場価格と比較して投資するか否かを考える立場です。これは証券投資における伝統的な立場で、この中からさらに細かい考え方、すなわち、トップダウン・アプローチとボトムアップ・アプローチに分かれます。

トップダウン・アプローチとは投資対象を選別する時に経済情勢の分析、産業動向の分析から始める手法です。これは機関投資家とよばれる生命保険会社、年金基金等で用いられています。現在の機関投資家にとり、最も重要なことは資産配分をどのようにするかという問題であり、そのためにはマクロ経済や金利見通し、そして株式、債券、短期金融市場の動向が重要になるのです。実際、2014年10月に変更された日本の公的年金の運用の基準となる基本ポートフォリオの作成において、長期金利については内閣府の金利見通しを用いています。

一方、ボトムアップ・アプローチとは、投資対象を選別する時に個別の企業分析から始める手法であり、この立場が最も伝統的な立場です。このボトムアップ・アプローチで有名な人は米国のベンジャミン・グレアムであり、彼は、株式市場は中期的には「価値を測定する」場所だと述べたそうです。

なお、彼はバフェット氏にコロンビア大学で証券分析を教えた人でもあります。そして、そのバフェット氏は、トップダウン・アプローチを否定し、株式投資をするのに景気動向や金利情勢などを気にする必要はないと述べたといわれています。

そして、テクニカル分析はチャート分析とも呼ばれ、市場に現れた価格や出来高等から過去の価格変動のパターン分析を行い、今後の証券の価格を予測して売買を行う立場です。この立場は少数派であり、長期的な投資家ではなく短期のトレーダーと呼ばれる人々にこの立場の人が多いといわれています。証券の価値ということについては考えず、あくまで価格変動による収益を追求する立場です。テクニカル分析は、一定のトレンドが形成された時からそれが崩れた時にしか行動できないという点で、市場の変動から遅れるという点もあります。

これらに対してポートフォリオ分析とは、証券市場は企業の価値、証券の価格についての情報処理が効率的であると考えます。そのため、ファンダメンタル分析を行っても割安、割高の証券は存在しないと考えます。また、市場は過去の情報はすべて織り込んでいますので、過去のチャートをいくら分析しても今後の価格変動はわからないと考えます。この立場は１９７０年代から有力な立場となってきましたが、そう考えた上で証券投資を行うのであれば積極的に収益性を得ることを目指すよりも、リスクを分散してポートフォリオ、つまり分散投資を行うのがよいと考えます。この考え方の究極は、東証株価指数や日経平均株価のような市場の指標と同じ動きをするような投資、つまり、消極運用が一番良いということになるのです。

こうした3つの流派のどれが有効であるかは、抽象的な議論で決まるのではなく、実際の市場がどれほど効率的かという市場の状況によって決まります。そして、株式市場についての専門的な研究では、まず、過去の株価変動から将来は予想できないとされて、テクニカル分析が実情に合わないとされています。グレアムは、「過去50年以上にわたる経験と市場観察によれば、『テクニカル・アプローチ』によって、長期的に利益を上げた者などひとりもいない」と述べたそうです。

次に公表された情報からも将来は予想できないとされて、ファンダメンタル分析には限界があるとされます。公表された企業のファンダメンタル情報の有効性について、１９９０年にノーベル経済学賞を受賞したウィリアム・シャープ氏は、米国の株式市場は必ずしも十分に効率的とはいえないと述べています。

図表2－1　投資タイミングと銘柄選択の効果

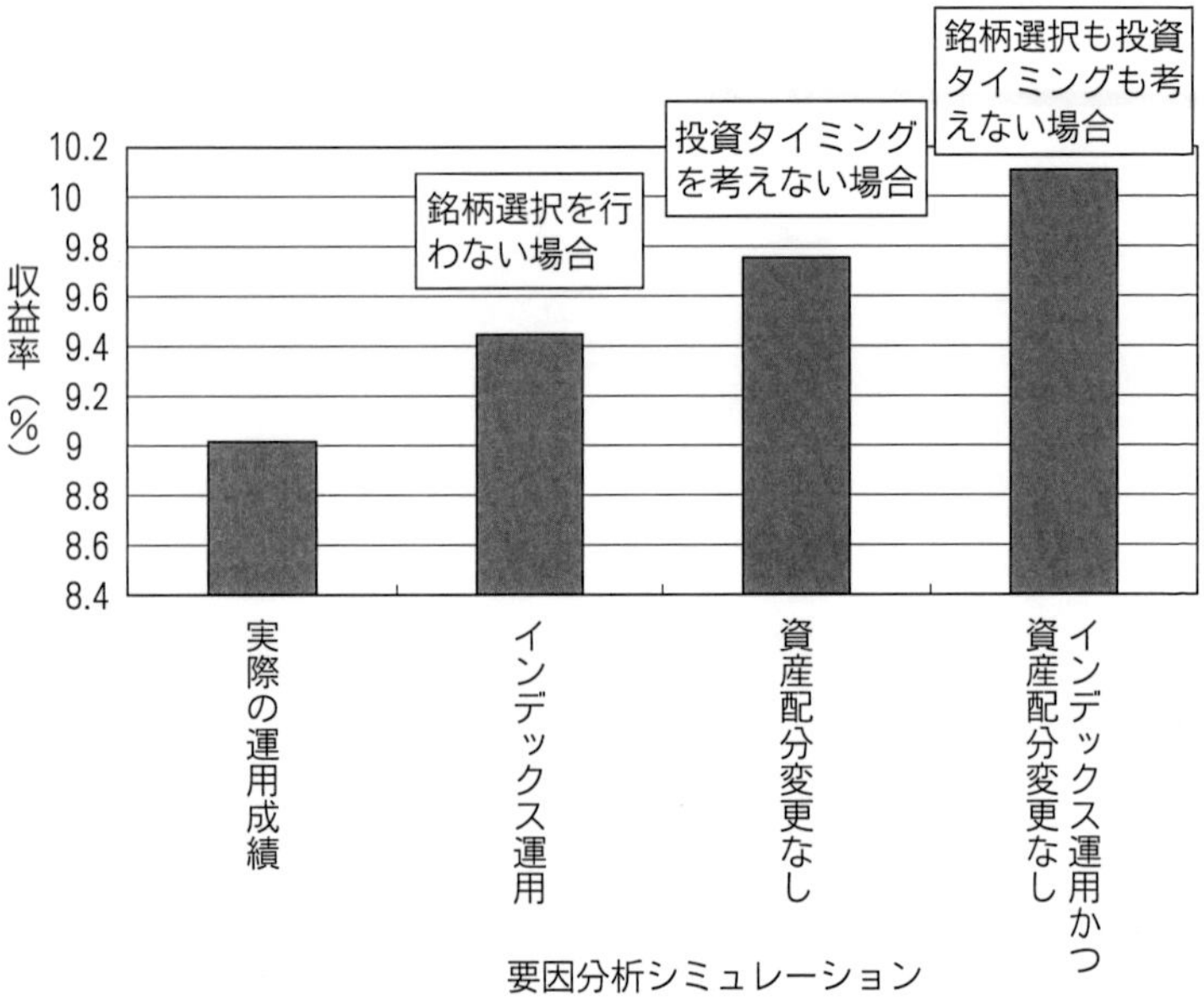


資料：浅野幸弘・宮脇　卓『資産運用の理論と実際』中央経済社，1999年。

さらに未公表の情報すらも将来の株価の予測に使えないという点については、そもそもそうした情報の利用自体がインサイダー（内部者）取引として違法となります。日本の市場の効率性は米国より劣るといわれますので、ファンダメンタル分析とポートフォリオ分析の双方が有用という状態ではないかと思います。

しかし、実際に米国で行われた長期の資産運用の研究では、資産配分を固定してなにもしない運用手法の方が、銘柄選択を行ったり、投資タイミングを考えたりした場合より運用成果は良かったと報告されています。

そうなりますとタイミングにかけるという考えはあまり合理的とはいえず、いつでも投資を開始し、また、できる限り投資を継続しておいた方がよいことになります。そして、証券の銘柄分析もしなくてよいことになります。つまり、証券の銘柄分析を行ってくれる他のさまざまな投資家の判断にただ乗りするわけです。

しかし、前に述べた通り、実際の市場は消極運用が有効であり、概ね効率的ですが、完全に効率的ともいえない中間的な状況にあります。ですから、ファンダメンタル分析で成功する投資家もいます。その代表的な人がバフェット氏であり、彼は割安な銘柄の株式を探し、長期に保有するという手法で驚くべき投資成果を得ています。なお、彼は企業の財務分析を行うに当たってはＲＯＥを重視しているといわれています。

彼のように投資銘柄を厳選して投資を行い、大きな成功を得るチャンスはあるのです。しかし、彼は才能に恵まれた人であり、一般人が真似ることは不可能と考えるべきでしょう。彼の投資手法を分析し、誰でもできることであるという意見もあるのですが、実行することは難しいと思います。

また、テクニカル分析では、過去の株価変動だけで何らかのパターンを発見することが重要とされます。しかし、長期的にはこうした投資家が勝利する可能性は小さいのです。そこで、一般の方々はポートフォリオ分析の立場を取り、市場平均を目指した運用をすることが効果的となります。

そして、市場平均を目指すこうした方法では売買という概念がありません。日経平均株価や東証株価指数と同じように変動する株式の銘柄を保有するだけで、微調整以外に売買を行わないのです。ですから、当然、投資タイミングという発想もないのです。また、投資対象の証券の入れ替えにかかる売買手数料など、コストの問題も小さくなります。

このポートフォリオ分析の立場を極めた消極運用の投資信託は、長期的になればなるほど良い運用成績を得ています。投資タイミングで良い成果を得ることは、投資期間が長くなればなるほど困難になるといえます。とすると、長期投資を行う場合は投資タイミングに賭ける運用は失敗する可能性が高まっていくといえるのです。

なお、市場全体に投資を行っても、実際の市場が短期的には非効率的なことは数々のバブルや暴落の発生で知られています。そのためポートフォリオ分析の立場を取っても、一瞬の時をとらえて投資を行えば良い結果を得ることもあれば、悪い結果を得ることもあります。しかし、長期的には市場は効率的であり、投資タイミングというものは存在しないとポートフォリオ分析では考えるのです。

米国の証券アナリスト協会の会長を務めたこともあるチャールズ・エリス氏は、「市場タイミングに賭けようというのは、『悪魔の囁き』なのだ。決して耳を傾けてはいけない」と述べています。エリス氏は、株式市場をテニスのゲームにたとえ、現代の株式市場は高度に訓練されたプロが参加するゲームであり、それはアマチュアのテニスのゲームのようにミスをした者が失敗する「敗者のゲーム」へと変化したと述べて有名になった人です。

また、米国の世界第2位の投資信託会社のバンガード・グループの創業者であり、2019年に亡くなったジョン・ボーグル氏は「私はこのビジネスに30年間携わってきたが、マーケット・タイミングを利用して継続的に成功を収めたという人には、これまでお目にかかったことがない」と述べています。

そして、企業年金連合会も運用方針のキーワードとして分散を挙げ、「運用対象となる資産、銘柄、手法、スタイル、運用者、投資タイミング、投資期間など、様々な分散を図ることでリスクを低減させることができます」として、分散対象の1つに投資タイミングがあるとしています。

投資の成果は、投資期間を通じて平均的に現れるものではありません。米国株式の研究によれば、1926年から1996年の70年間の株式の収益の大部分は、ベストの60カ月に達成されています。

また、わが国から世界23カ国の株式に分散投資を行った場合、1971年から2007年

3月までの間の月間上昇率の上位5カ月に投資を継続していなければ、運用成果は投資を続けていた場合の6割程度にしかならなかったという試算もあります。

そして、わが国の株式投資のタイミングについては、1970年から2007年まで投資を行った場合、仮に1972年、1986年、1999年のたった3年間投資を行っていなければ、定期預金で運用した場合よりも収益性が劣るという試算結果もあります。

つまり、こうした良い時期を逃すと、株式投資から良い収益を得る機会はあまりないということも事実なのです。そうしたことを避けるために株式投資の実際的なスタンスとしては投資家として株式市場にとどまり続けることがポイントとなります。「投資家は稲妻が輝く時に市場に居合わせなければならない」といわれるのですが、さまざまなデータがこれを裏付けています。

人が株式投資のタイミングを予測することはほとんど無理なことです。そうなりますと、投資家として株式市場に長く居続けることにより、株価の急上昇の時を待つ姿勢がポイントとなってきます。最近の例でいえば、2013年のわが国の記録的な株価上昇を事前に予測した人がどれだけいたのか疑問です。

なお、多くの投資家がポートフォリオ分析を採用して投資を行えば、証券の価格分析を行う投資家が減少します。そうしますと、その証券市場の情報処理能力は低下して市場は効率的ではなくなります。そうなればポートフォリオ分析は成立しません。この立場は少数派でいる限り有効な立場といえ、この考え方には限界があることも知っておくべきでしょう。

また、ファンダメンタル分析も多くの投資家がファンダメンタル分析を正確に実践し、すべての証券の価格がその価値通りとなったら収益機会を失います。ですから、この立場でも証券価格の分析を正しく行える人が少数である限り有効な手法といえるでしょう。すべての投資家がバフェット氏のような能力を持ったら、バフェット氏もその収益を得るチャンスを失うのです。

## 4. 資産運用はコストがポイント

投資タイミングをとらえることが困難であり、証券市場に長くとどまることが実際的には大切と述べましたが、長期間市場にとどまり運用を続けるということは、資産運用の費用のうち時間に比例する費用が高いと問題となります。長期の資産運用で得られる株式投資の収益性は年率で8%程度がせいぜいであると思います。これは年金の運用成果など見ればわかることです。また、前に少し触れたビルディング・ブロック法の手法で計算しても、その程度であることがわかります。

株式投資の収益性は、実質経済成長率にインフレ率を加え、それに債券投資の収益性を加え、さらに株式独自の収益性を加えたものとなります。日本の長期的な実質経済成長率は2％程度と考えられています。また、インフレ率は日本銀行が2％を目標としています。これから、短期証券の収益性、すなわち短期金利の水準は4％程度となります。

債券投資の短期証券に対する収益性、債券投資のリスク・プレミアム、すなわちリスクを取ることに対する報酬は2％程度といわれています。これが長短金利の差でもあります。

さらに、債券投資に対する株式投資のリスク・プレミアムも、長期には2％程度といわれています。この結果、株式投資の収益性は長期的には8％程度となります。

なお、海外の債券、株式についても同様の手法で算出することになります。しかし、海外債券、海外株式の収益性のベースとなる短期金利については、長期的には国内・外の短期金利については、たとえ金利差があってもそれを相殺するように為替相場が変動し、為替相場を考えた円ベースでの短期金利は同じとなると考えます。これは専門的には金利平価説と呼ばれる考え方です。それに、それぞれのリスク・プレミアムを上乗せすることになりますが、概算では、新興国は別として、国内・外の債券、株式に大きな差が出ないと考えるのが一般的なビルディング・ブロック法のようです。

ちなみに、2014年10月時点の公的年金の運用の手法においては、国内・外の債券の収益性については、国内債券が2・6％、海外債券が3・7％と予測しています。また、国内・

図表２－２　ビルディング・ブロック法による長期的リターンの予測

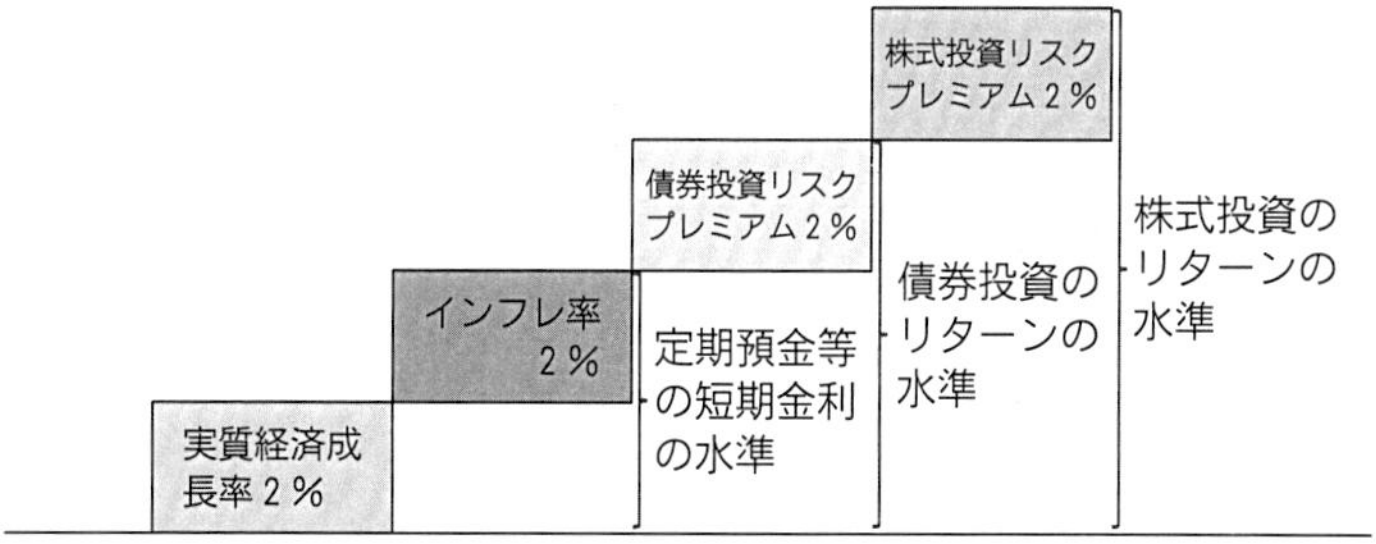


資料：蝋山昌一編『投資信託と資産運用』日本経済新聞出版社，1999年等を参考に作成。

外の株式の収益性については、国内株式が６・０％、海外株式は６・４％としています。

それに対して、一般の方々が分散投資を行うために用いる投資信託の費用である運用管理費用（信託報酬）は、年率で０・５程度から２％くらいまでの場合もあります。これは投資収益の２割以上が、この費用で消えていくこともあるということを意味します。

さらに、税金も２０１４年からは収益の２割となりましたので、費用と税金の合計で収益の３割以上がなくなる場合もあるわけであり、費用はできるだけ小さくしたいところです。また、税金の点については長期投資も考えるとつみたてニーサとイデコを活用すべきでしょう。イデコには所得控除の減税効果もあります。

個別の株式投資の手数料は自由化されてからかなり安価となりました。しかし、投資信託は２０００年代に入り、それまで１％前後であった運用管理費用（信託報酬）が上昇してしまったのです。

この理由は、販売を担当する銀行、証券会社がその手数料が大きい商品を好んで取り扱ったためではないかといわれています。これは債券投資、株式投資の長期的な収益性が6%から8%程度であることを考えると大きな問題なのですが、さほど話題にはなりませんでした。しかし、つみたてニーサの制度で運用管理費用（信託報酬）の安価な商品が対象商品とされたことから、最近では一般の方々に知られるようになっているようです。

分散投資を幅広く行うには、投資信託を用いることが適切です。株式投資を勉強された方であれば、少ない数の株式、たとえば10銘柄程度の分散投資で十分という意見もあります。しかし、一般に情報が得にくい海外の株式や債券への資産分散を考えると、投資信託という仕組みを用いるほかはないと思います。そうなりますと、できるだけコストの安価な投資信託を用いる必要が出てきます。

投資信託には、積極運用とかアクティブ運用といわれる投資手法の商品と、消極運用とかパッシブ運用といわれる投資手法の商品があります。このうちコストが安価なのは消極運用の商品、つまり、前に述べたインデックス・ファンドです。日本株式であれば日経平均株価や東証株価指数のような市場の指標、つまりインデックスに連動するように運用する投資信託は、人の判断ではなくコンピュータの単なる計算で運用されます。また、投資対象の入れ替えもありませんので株式の売買手数料を証券会社に払う場合も少なく、コストが安価です。

積極運用の投資信託の運用管理費用（信託報酬）の高さ、そして消極運用の成績が比較的良いことを考えると、一般の方々が購入する投資信託の多くは消極運用としたいところです。

長期の運用になればなるほど、運用管理費用（信託報酬）の運用成績に対する影響は大きくなります。しかし、長期的な収益性は年率で株式投資の場合でも8％程度ですから、コストが大きな問題になるのです。年率1％の費用がかかれば、10年間の運用であれば累計で10％が費用として投資の成果からなくなっていくことになります。ですから、長期の運用においてはコストの問題は大変重要なのです。

なお、ETF（エクスチェンジ・トレイディッド・ファンド）という特殊な投資信託を用いれば、日本の株式はもちろんのこと、世界の株式や債券への分散投資も個人で安価な費用で可能となります。ETFとは株価指数などに連動する特殊な投資信託であり、証券取引所に上場されているため売買も通常の株式と同様に行われます。そして、運用管理費用（信託報酬）は、高くても0・5％程度で通常の消極運用の投資信託と比較して安価となっています。そこで、消極運用の部分はETFを用いて運用することが効果的となります。このETFはニーサが導入されてかなり認知度が上昇し、活用されていると報道されています。

また、投資信託には購入時に販売手数料がかかります。購入金額の1％から3％程度ですが、これは購入時だけですので長期投資を行う場合にはさほど問題にはならないでしょう。しかし、その手数料に見合うだけのコンサルティングを、販売担当者から受けておくことが必要でしょう。なお、ノーロード・ファンドと呼ばれる販売手数料がない投資信託ですが、つみたてニーサの対象商品はすべてこのタイプとなっています。

ともあれ、運用管理費用（信託報酬）は長期投資には大きな問題となりますので、十分な吟味が必要です。

## 5．投資の不安との付き合い方

分散投資、長期投資、そして積立投資を行おうとしても、銀行預金に親しんでいるわが国の人々にとり、株式や海外の資産を含む資産運用には不安が残ります。投資を行うことは、不確実性のある取引を始めるわけですから、当然、不安が生じてくるわけです。金融取引とは、今、手許にある資金を手放し将来の投資収益を期待するということですから、本質的にリスク・不確実性のある不安定な取引です。それに取り組むことは、わが国の国民はいわゆる投資教育を受けていませんので、当然、不安を感じるといえます。

厳密にいえば、元本保証の銀行預金ですら銀行自体が破綻したら元本の保証はありません。実際、前に述べた通り、１９９０年代には大銀行の破綻もありました。しかし、投資家保護の法制には、消費者の購入する商品に対して行われるような品質保証という考え方はないのです。これが投資家保護と消費者保護の異なる点です。

リスクに関する情報を、投資家に知らせることを商品の提供者の義務とするというのが投資家保護の法制の基本です。これは経済学でいう完全情報を目指すということです。完全情報とは、簡単にいえば取引とする商品の価格と品質について、買い手が売り手と同じくらい十分に知っているということです。これは市場メカニズムが正しく働くための前提条件となります。

消費者保護の法制の多くは生産者にさまざまな規制を行い、一定の品質を保つような努力を行わせます。これは消費者が商品の質を見極めることが困難なために、政府・行政が買い手に代わって市場取引に介入するということでしょう。

一方、金融商品は政府が介入しても、その品質を一定に保つようなことは原則として難しいのです。例外としては銀行経営の健全性のための規制のようなものがありますが、政府は金融商品に関する情報開示を行わせるにとどまるのです。市場の参加者が正確な情報を基に判断し、市場機能、市場メカニズムが円滑に働くことを促すことになります。ということは、投資家の側が一定の情報分析力を備えなくてはならないということになります。また、情報の仲介者として、投資家に優れた情報分析サービスを提供する業者も求められます。

しかし、金融市場は、高度な訓練を受けたプロの参加者が多く取引をしている世界であり、そうした参加者に比べれば、一般の方々は知識と経験で劣ることになります。そういう意味では、一般の方々が個別の株式投資を行うことは少し無理があり、大きな不安を感じることと思います。

近年の経済情勢を考えるまでもなく、企業の経営者ですら自分の会社の数年先のことはわからないというのが本当のところでしょう。日本銀行の金融政策の変化による経済情勢の変動を予測し、その自社への影響を考えることができた経営者がどれだけいたでしょうか。企業の経営者は自社について多くの情報を持っていますが、その経営者ですら経営判断に迷いながら事業を運営しているのが実情です。まして、その企業に投資を行う投資家は、企業の将来性の情報については、さらに迷うしかないといえるでしょう。

企業の将来性について分析する証券アナリストも多くいます。しかし、彼らの分析力もそれほどのことはないと思われます。米国のプリンストン大学のバートン・マルキール教授は、企業の長期平均の利益成長率が一律にＧＤＰの長期平均成長率と等しくなると仮定した方が、証券アナリストの予想手法よりも実績値との誤差が少なかったと述べています。企業分析のプロの予想が、単純な方法による予想より良くなかったというのです。これでは証券アナリストが分析し、市場に流れる証券に関する情報にも不安があります。

そこで、投資の不安を軽減するには海外への資産分散を含む分散投資、長期投資、そして積立投資を活用することになります。そして、投資商品としては投資信託を用いることになります。こうしていろいろな方法を組み合わせて少しずつ不安に対処すれば、全体としての不安の減少を得ることができます。１つの方法だけでは大きな不安を小さくすることはできないといえます。

積立投資についていては一度に投資を行わないことになるわけですが、これは投資家の状況の変化を小さくする効果があります。リスクのある投資に大きな投資を一度に行えば、投資家の金融資産のリスクの内容は急激に変わります。それが積立投資であれば徐々にゆっくりと変化するわけです。自転車でも急にカーブを曲がれば倒れますから急な変化を避け、変化を小さく、ゆっくりとする方が心理的には不安は減少します。

分散投資についていえば、消極運用の投資信託を選べば個別銘柄の持つリスク、これを個別リスクと呼びますが、このリスクを取らずに済みます。この個別リスクとは、市場平均から個別の銘柄の値動きが異なることのリスクのことをいう現代ポートフォリオ理論の考え方です。こうしたリスクは、分散投資によってそのほとんどを取り除くことができることがわかっています。

しかし、こうしたリスクへの対策を取ったとしても、市場リスク、つまり市場全体の変動による資産の価格変動はあります。こうした価格変動については頻繁にチェックしないことが大切なのです。前にも少し触れましたが、これには理論的な根拠があります。

図表1－5のように、ダニエル・カーネマン氏は価値関数という考え方を示しました。これは投資の結果について、損失は利益より2倍以上強く感じるというものでした。そして、これについて詳しく見れば、ある程度利益も損失も大きくなると喜びも痛みもそう強く感じることはなくなると指摘したのです。

頻繁な価格変動の観察は投資からの撤退を招きます。この投資からの撤退は意外なことに値上がり時にも起きます。人は価格上昇について、元本を超える価格の上昇幅の程度には主観的には喜びを感じず、結果として小幅な価格上昇の時点で主観的には満足し、いわゆる利益確定のための売却を行う傾向があるのです。

一方、値下がりについては、強い痛みを感じるのですが、それは価格下落とともに鈍化していき、損をした投資家はいわゆる塩漬けといわれる行動をとり、そのまま保有を続けるといわれます。こうして合理的ではない行動がとられるのです。

一般に不安は距離を取れば取るほど小さくなります。頻繁な市場情報への接触は不安を生みやすいといえます。旅行が人々に好まれるのは、日常のストレスから距離を取れるからであると心理学的にはいわれています。むろん、放置していては増大する不安もありますが。

ともあれ、一般の方々の適切な投資態度として、長期投資家を目指すためには投資を行ったら頻繁な価格のチェックや市場の情報の分析はあまり行わない方がよいのです。日常生活では投資のことは意識して忘れるようにしておき、年に数回程度のチェックにとどめるのです。こうした態度が長期の資産運用を可能とするのです。

また、価格変動の確率を知っておくことも大切です。国内・外の株式、債券の4資産に均等に分散投資を行った場合ですと、1年間の下落率は84%の確率で10%程度を超える下落はないでしょう。今世紀では、これを超えたのは2008年のリーマン・ショックの時だけです。

このように不安と付き合うには知識もポイントになります。一般の方がこうした想定をすることは難しいと思いますが、価格の変動幅を想定できれば身構えることができます。標準偏差は投資信託についてはインターネットの検索で調べることが可能ですし、また、販売会社も情報提供を行っているようですから、そうした知識を得ておくことが大切です。受験生が偏差値を志望校選びに使うように、投資信託を用いた資産運用については標準偏差がいくらかと知りながら投資を行うことが大切です。

人々のリスクの認識は、その頻度と程度によるということがリスク・コミュニケーションという研究でわかっています。どのくらいの頻度でどのくらいの価格変動が起きるかについて、資産運用を行う人がわかっているというケースは少ないと思います。そのため、不安を大きくしているのです。標準偏差に関する知識は、この頻度と程度についての知識といえます。

なお、価格下落が起きた場合の理由がわかると不安も減るといわれます。理由のわからない不安は大きくなりやすいのです。しかし、投資の場合、価格下落についての理由が明確にわかる場合は多くはありません。さまざまな解釈についての情報が流れますが、その多くは間違っていることも多いのです。その意味でも、バフェット氏のいうように頻繁な投資情報との接触は投資には良くはないのです。

そうした一般の方々が、不安への対処策として取る投資手法としてポートフォリオ・インシュアランスという手法があります。この手法を用いれば、リスク資産での運用の損失を一定の確率で、一定の範囲内にとどめることが可能になります。たとえば、バランスファンドでの運用と定期預金の運用という2つの資産での運用を考えます。この時も標準偏差をリスクの尺度に用います。

バランスファンドで国内・外の債券、株式の4資産に均等投資を行うタイプの場合、標準偏差は年率10％程度です。価格下落の方だけを見れば、確率約16％で1年間に10％以上の価格下落が起こるといえます（年間期待収益率はゼロとしておきます）。

さらに標準偏差の倍の2標準偏差は、100年に2回から3回の確率で年間20％程度以上の価格下落が起こるといえます。そこで、仮に100万円を定期預金とバランスファンドで運用するとして、損失の下限を10万円にとどめて運用しようとすれば、50万円までバランスファンドに投資をしても、100年に2回から3回の確率で10万円（つまり50万円の20％相当額）という損失限度を守れます（定期預金の利息は無視します）。

そして、バランスファンドへの投資が5万円減少して40万円となっていれば、最初に決めた損失限度額まで残り5万円となりますので、バランスファンドの運用額を25万円に減少させて、その分定期預金を増やせばよいのです。25万円なら100年に2回から3回の確率で5万円（25万円の20％相当額）の損失にとどめることができ、結果として最初に定めた10万円の損失限度額が守れるからです。

こうして、バランスファンドと定期預金の投資割合を変更していけば、一定の損失限度が非常に高い確率で守れるのです。ただし、この方法の弱点は、バランスファンドの基準価額が下落するとその投資割合を減らしますので、再びバランスファンドの基準価額が上昇し始めた時に、運用資産全体の増え方が遅くなるという欠点があります。この点は価格下落を防ぐためのコストと考えるべきでしょう。

一般の方が投資の不安と付き合うことは大変なことです。原因のわからない不安が一番強烈なものとなります。ですから、投資の勉強をある程度することは必要なことです。しかし、投資のすべての勉強をしていたら膨大な時間がかかってしまいます。要点を絞って勉強して、ある程度の知識を仕入れることで、一般の方でも十分に資産運用は可能です。標準偏差の活用の仕方を知るだけでも不安への対処策になると思います。

また、こうした不安を乗り切る有力な方法として資産運用のモデルをほかに求め、それに頼るという方法があります。たとえば、分散投資の資産配分を公的年金の運用で用いられている資産配分をコピーする、模倣することです。公的年金の運用のいわゆる基本ポートフォリオの内容は２０１４年10月に変更され、国内債券35％、国内株式25％、外国債券15％、外国株式25％となっています。この資産配分を１つのモデルとしてコピーをしておけば、不安はかなり小さくなると思います。

図表２－３　公的年金の資産配分（％）

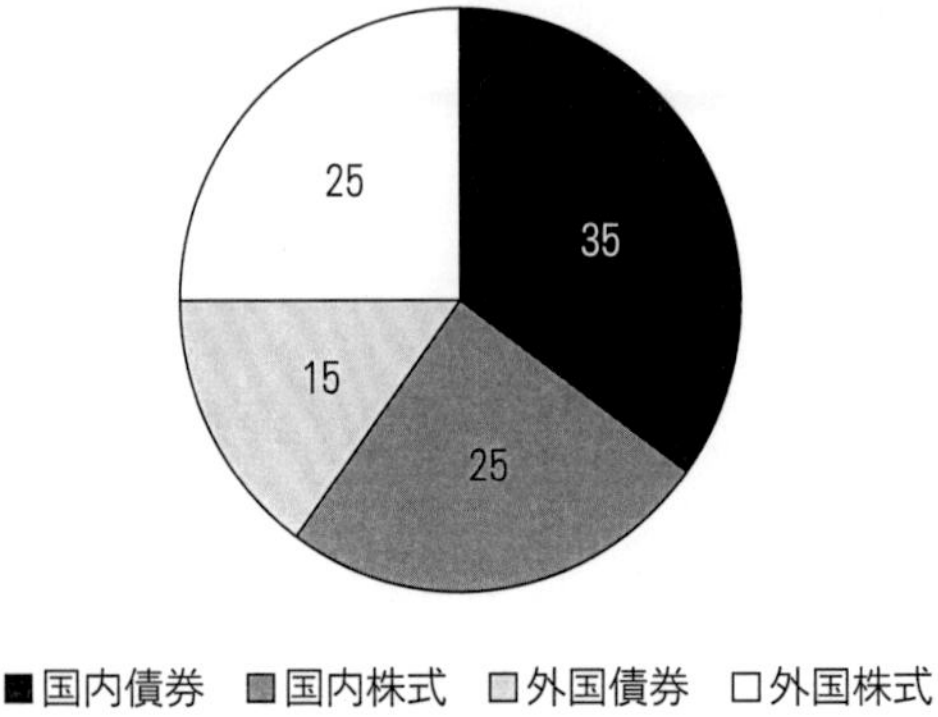


資料：年金積立金管理運用独立行政法人ホームページより作成。

この資産配分による資産運用は、名目賃金上昇率（２・１％から２・８％を想定）を１・７％上回

**図表2－4　国内株式ファンドと外貨預金（米ドル）の分散投資の効果**

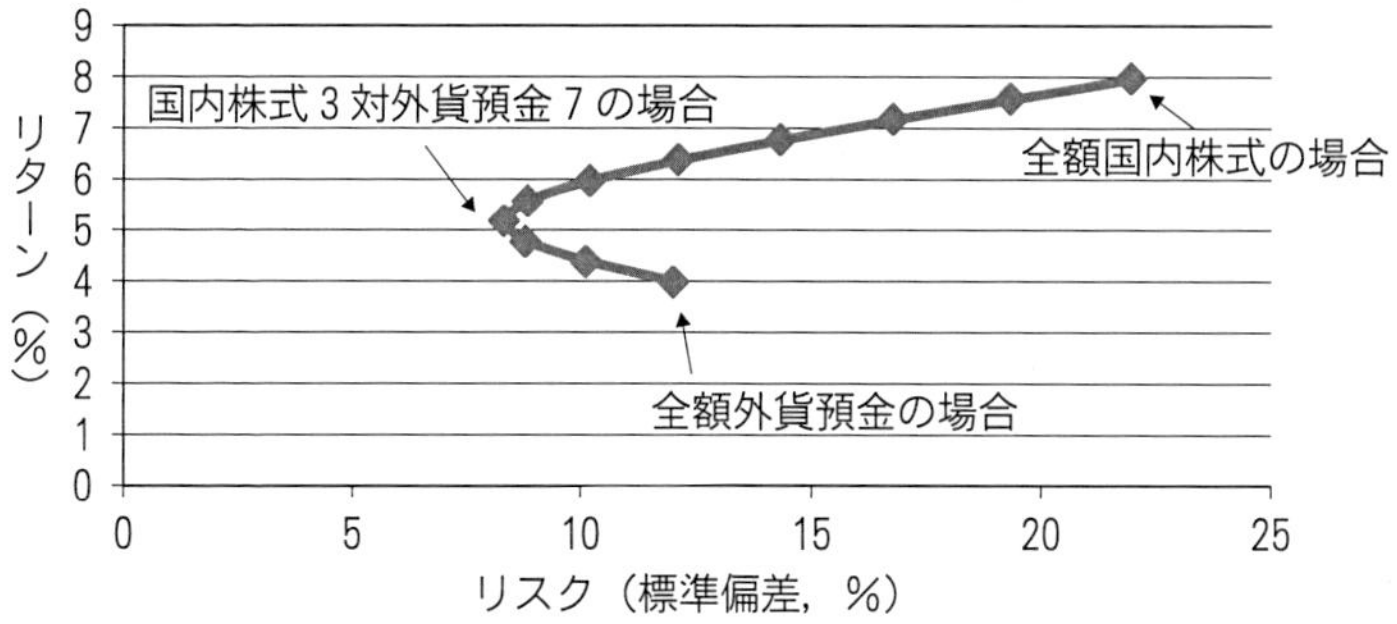


資料：拙著『みんなが忘れているお金を殖やす基本』日本経済新聞出版社，2001年等を参考に作成。

る運用を目指すものです。公的年金の運用は「安全かつ効率的」であることが求められています。この「安全」とは国内債券投資による運用を指すとされ、具体的には名目賃金上昇率からの下ぶれするリスクが、全額を国内債券に投資した場合を超えないことを指しています。

つまり、株式や海外の債券への投資を含んでいますが、全額を国内債券で運用した場合と値下がりリスクは同じかそれ以下ということです。こうした現象が起きるのは分散投資によるリスク低減効果があるからであり、前に述べた海外債券に一部国内株式を組み合わせる方がリスクは小さくなることと同じ仕組みを用いているのです。なお、この公的年金の運用の基本ポートフォリオの標準偏差は12・8%とされています。

こうした資産配分を自分で考えるには、きわめて高度な投資知識が必要ですので自力では無理があります。

そこでその計算結果を真似するということになりますが、独力で不安な資産運用に取り組むより良い結果を得るでしょう。ライフプラン実現のための堅実な資産運用にとって公的年金のモデルは参考になるはずです。モデルがあれば人は不安を乗り越えやすいものではないでしょうか。

なお、分散投資のリスク低減をあらためてイメージするために、米ドル預金と国内株式に分散投資を行った場合のリスクとリターンの図を掲示しますので参考にしていただければと思います。長期的には外貨預金だけに投資をするより、運用資金の外貨預金は7割にとどめ、3割を国内株式投資信託に分散した方がリスクは低減し、リターンは上昇するという試算も可能です。

# 第3章

# 資産運用の基礎知識

## 1. ファイナンシャル・プランニング

第2章では、経済成長の仕組みから投資の不安への対処策まで、資産運用の基本的ポイントを述べてきましたが、第3章ではさらにこれらの基礎となる知識について述べていきたいと思います。最初はファイナンシャル・プランニングについてです。

資産運用はファイナンシャル・プランニングと結びついています。一般的には、これまで述べてきたように資産運用を考える時には、金融商品とその運用方法について検討する場合が多いわけです。しかし、資産運用も目的があって行われるわけであり、その目的を考える時に投資を行う人についてのファイナンシャル・プランニングが重要となります。

ファイナンシャル・プランニングとは人生設計といわれるライフプランのうち、経済的側面を指します。つまり、個人の収入の予想、消費の計画、金融資産の運用、生活上の事故への対応など人生で起こるさまざまなことへの包括的な対応を考えることです。

資産運用を考える時の基本的枠組みとしては、ファイナンシャル・プランニングによるライフプランの検討が商品の検討とともに必要なのです。そして、運用商品とライフプランに基づいて分散投資の内容も決まってくるのです。

金融市場と分散投資の観点だけでは個人の資産運用はできないのであり、ファイナンシャ

図表３－１　資産運用のフレームワーク

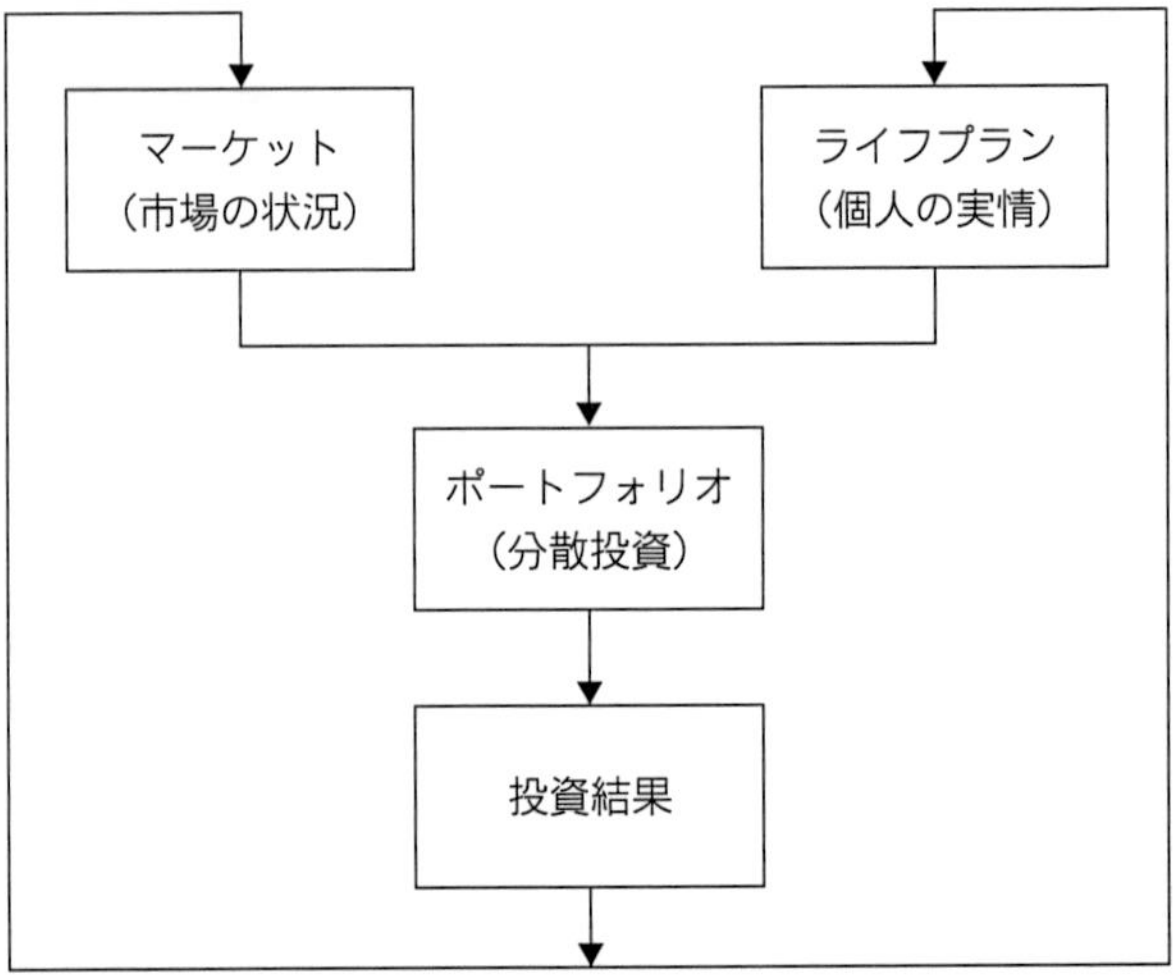


ル・プランニングの観点が必要なのです。政府の金融審議会でも金融機関による投資信託の販売に当たっては、「顧客の生活設計やマネープランを踏まえた資産形成という観点に基づくコンサルティング機能を発揮してゆくことが重要」であると指摘されています。

こうした考え方の基本的な枠組みは、シャープ氏によって提唱された資産運用の基本的枠組みと整合的なものです。シャープ氏の考えは企業年金運用に取り入れられており、「基金にとっての望ましい政策アセット・ミックスは、年金の債務状況を抜きに決定することはできない」といわれています。政策アセット・ミックスとは、アセット・アロケーション、すなわち資産配分のことであり、年金の債務状況とは年金基金の将来の支払い債務の状況をいいますが、年金基金の置かれた状況と考えればよく、いわば年金基金のライフプランです。

大変、難しいことをいっているように見えますが、考えてみればコロンブスの卵のようなことで当たり前のことでしょう。洋服を買う時に、いくら質もデザインも良い服でもサイズ違いでは困るのと同じことなのです。自分の状況に合わない資産運用はできないということです。

戦後、日本は高度経済成長そして安定成長を続けてきましたが、バブル経済の崩壊以降、経済状況は大きく変わり、今後は低成長の時代が続くと予想されます。現在、日本経済は復活する可能性が大きくなっていますが、現在の経済再生のための取り組みが成功しても高度経済成長期のようなことがわが国に起こることはないでしょう。

若い世代にはバブル崩壊以降のことしか知りませんから、経済成長という概念すら信じられない人もいます。しかし、日本は、前に述べた通り日本銀行の目標である2%のインフレを除いた、実質で概ね年率2%程度の成長は続くと考えられます。

高度経済成長の頃は10年以上にわたり10%以上の経済成長を続けていましたので、それに比べればはるかに低い水準ですが、10年でインフレを除いて2割以上収入が豊かになることは、高齢化問題を抱えるわが国でも相応の社会的な安定を得ることができる水準でしょう。

他方、ライフプランについて見れば、平均寿命は四半世紀前に比べて約5歳伸びています。ということは、それだけ引退期間の生活資金を多く準備しなくてはなりません。仮に夫婦2人の年間の基本生活費を約3百万円とすると、四半世紀前に比べて約15百万円多く老後資金を用意しなくてはなりません。前に述べた年金基金でいえば債務状況が厳しいといえます。こうした老後資金の大半は公的年金で準備されます。しかし、その公的年金は将来的に2割程度実質的に削減される試算もされているのですから、個々人の経済的な準備の必要性が増えていることは間違いありません。

こうしたライフプランを考えると、これからは1年定期預金でお金を運用するより、分散投資、長期投資、そして積立投資によって堅実で効率的な資産運用を目指し、インフレに負けないだけでなく1年定期預金より少し高い収益性が得られる資産運用を目指す必要があります。

そして、良い運用成績を上げるには、株式、債券といった運用の結果が確定していないけれども高い収益性があるリスク商品を用いる必要があります。これは個人年金や年金保険といった商品を活用する場合でも、そうしたリスクを含んだ商品を活用する必要があることを示しています。

つまり、高齢化社会や成熟経済の下での低成長社会の到来とともに、個人のファイナンシャル・プランの内容が変化し、それに伴い資産運用にも変化が求められているのです。

シニアの方についていえば、1998年以降のデフレも、シニアの方のライフプランの問題を小さくしてきました。公的年金には物価スライドという制度があるわけですが、しかし、それも2005年に、前に述べたマクロ経済スライドという制度が導入され、年金の金額は年率2％が起こる時代においては、インフレ率にはマクロ経済スライド率の分だけ追いつかない仕組みとなりました。

日本銀行の金融緩和でデフレ脱却が見えてきましたので、これからは安定的に年率2％のインフレとなる可能性は高いでしょう。これにより年金生活者にとっては負担が増えていくことは間違いありません。

インフレにしなくてもよいではないか、インフレ率ゼロが一番良いのではと思われるかもしれませんが、世界各国の中央銀行は1％を下回るようなインフレは国の景気、経済成長を維持していくには不適切として容認していません。やはり2％を目標としておかないと、経済発展のためにはよくないというのが世界の金融の専門家、金融政策の実務担当者の共通認識となっているといえるでしょう。

とはいえ、資産運用においても良い市場環境に恵まれるようになりますので、わが国の金融資産の多くを保有するシニアの多くの方は、適切な資産運用を行えば日本銀行の金融緩和政策の恩恵も受ける立場にあるといえます。

また、サラリーマンの場合、近年、退職金は減少する傾向にあります。平均的には2千万円程度といわれていますが、10年くらい前までは23百万円程度でしたから減少傾向は間違いないでしょう。そのため、この退職金を上手に運用することが求められます。

こうした引退期に備えるための貯蓄という考え方が専門的に示されたのは、1985年にノーベル経済学賞を受賞したフランコ・モディリアーニが提唱したライフサイクル仮説という消費と貯蓄に関する経済理論です。

それまでは人は所得に応じて、一定の割合で貯蓄と消費を分けていくというジョン・メイナード・ケインズが提唱した考え方が有力でしたが、人の貯蓄と消費は一生を通じた生活設計の上に行われるという考え方が支持されるようになりました。平均寿命が延びて引退期間が長期化した現在では重要が増した考え方です。また、人々が保有している資産価格の変動も消費に影響するとした点も重要です。

ファイナンシャル・プランニングでは、資金の準備として老後資金のほかに教育資金、住宅資金を想定するのが通常です。今では高校生の2人に1人が大学に進学する時代ですから、教育資金、特に大学進学資金への備えは重要になっています。このため前に述べた通り学資保険、こども保険といった保険商品に人気が集まっているわけです。

また、住宅資金についても住宅ローンの頭金の準備が必要となります。こうした資金ニーズに合わせた資産運用が求められています。これらは使用する時期、また、他の生活費の支出の状況を考えると、大きなリスクを取った資産運用は困難でしょう。特に40歳代、50歳代の方々は、60歳代の方々以上にリスクを取ることを避けることがアンケート調査からわかっていますが、それはこうした方々が年齢的に教育資金、住宅資金の対応に追われていることがあると思います。

しかし、従来のように銀行預金だけで運用すればよいという時代ではないこともあり、状況に応じた適切な資産運用が考えられる必要があります。エリス氏は、「運用はそれ自身の理由に基づいてなられるべきであり、投資家の年齢など個人的な理由をもちだすべきでない」と述べていますが、一方で、エリス氏は、「市場に合わせるべきは投資家のあなたであって、市場はあなたに合わせてくれない」とも述べています。やはり、ライフプランの観点は必要だと思います。

## 2. 資産運用の収益性

ファイナンシャル・プランニングの重要性を述べ、また、資産運用の収益性について短期の運用より長期の債券投資、そして長期の株式投資の方が収益性は優れていることは、ビルディング・ブロック法で説明しました。

資産運用というと一般的には株式投資をイメージし、それも短期の売買が常のようです。しかし、これまで述べてきたように、短期の株式投資では良い結果を得ることもありますが、失敗することも多いわけです。そもそも、短期売買やわずか数年で結果を出すといった投資は投機に近いものがあります。こうした取引を否定するつもりはありませんが、このような取引はライフプラン実現のために一般の方々が行う堅実な資産運用とは呼べないでしょう。

日本証券業協会のホームページにも株式投資の心構えとして、「中長期投資で臨む」と記載されています。その理由として、まず、「株価は基本的に会社の業績を反映するので業績が伸びれば、その評価として株価も上昇していきます。つまり、利益が伸びて初めて株価は上がることになります。とすれば、業績が伸びないのに株価の上昇を期待するのは無理な話ということになります」としています。

そして、「会社の規模が大きいほど、半年や1年で業績を大きく伸ばすのは容易なことではありません。消費者や利用者にすぐに受け入れられる商品もあれば、何年も経ってから評価される商品もあるからです」と理由付けをしています。

また、株式投資の態度としては、「自分がその会社が伸びると考えた理由が達成されるまでは持ち続ける気持ちで投資してください。それが、結果として中長期で投資することにつながる場合もあるのです」としています。さらに、「もちろん見誤ることもあるでしょうから、そのときは売却も考えなければなりませんが、買った時と状況（投資した根拠や背景）が変わらないのであれば、持ち続けてみてもよいのではないのでしょうか」と長期保有を奨励しています。

短期的な株式投資の収益性を追いかける人は、この日本証券業協会の考え方を取り入れるべきでしょう。そして、さらにいえば、前に述べたように、成長する優良企業を見つけ出すことも難しいのが一般的ですので、分散投資を行うことが必要となります。

株式投資も社債投資も、企業利益が収益の源泉です。2013年は株価が大幅に上昇しましたが、企業の利益も株価上昇を追いかけるように改善しており、株価の上昇は企業利益の改善を先取りしたことによるものでした。しかし、これほどの株価の上昇幅は例外的なことであったと思います。通常は年月をかけて企業は成長するものであり、株式、社債、国債による資産運用も、実は地味な企業経営の結果を反映することでしかありません。ただ、そうした企業業績に関する情報には良いニュース、悪いニュースが市場に飛び交いますので、日々のレベルで見れば株価は非常に不安定、不確実になるわけであり、年単位でみても株価が企業の価値より低く評価されたり、また、その逆もあるのです。しかし、そうした株価の不安定さを利用して得た収益は、真の資産運用の収益とはいえないでしょう。

国内・外の債券、株式の4資産に分散投資を行った場合であっても、短期の収益性と長期の収益性では、みかけは大きく異なります。短期の収益性は市場の変動によるものですが、長期になると各資産の本来の収益性が現れてきます。たとえば1970年から2008年の期間、つまり、日本が高度経済成長を終えて、安定成長期となった時期から戦後最悪の株価下落が生じたリーマン・ショック後までの期間で見ると、1年間の分散投資ではマイナスの収益、つまり損が出ることもありました。しかし、10年間にわたる分散投資でみますとマイナスの収益性となることはなく、平均で約7％の収益性となっているという試算が報告されています。

リーマン・ショックの影響を受けている10年間でもマイナスにならないのであり、このように資産運用の真の収益性は長期の収益性で考えるべきです。短期的な価格変動による収益は投資の収益ではなく、投機的取引によるものといえます。

次に、こうした観点を踏まえながら、株式投資の収益性についてあらためて見ていきたいと思います。株式投資は分散投資の中でも資産運用の要となる資産であるからです。

## 3．株式投資の収益性

資産運用の収益性は長期的に見ていかなければならないと述べましたが、ここでは資産運用で重要となる株式投資の収益性について別の視点から考えてみます。株式投資の短期投資の場合、価格変動で大きな収益を得ることもあります。しかし、これは真の収益ではなく、市場における価格変動でメリットを得ただけであり、株式投資の真の収益は、専門的には企業の生み出す収益というファンダメンタル（企業財務の基礎的諸条件）要因にだけ基づくものであり、専門的にはファンダメンタル・リターンと呼ばれます。

実際、2012年末に金融緩和政策の導入が決まり、2013年に株価は大きく記録的な上昇を見せました。しかし、その株価上昇はファンダメンタル・リターンではなく、市場における評価水準の変化による評価リターンと呼ばれるもので始まりました。

株式投資のファンダメンタル・リターンとは、詳しい説明は省かせていただきますが、「配当利回り＋配当金成長率」の値となります。配当利回りとは配当金を株価で割った値です。配当金成長率とは毎年の配当金がどの程度で増えていくかという値です。この考え方の前提は、株価とは将来の株式配当金を、現在の価格に割り引いたものの合計であるという配当割引モデルという理論にあります。

つまり、株式の価値とは、将来受け取る配当金の総額の現在における価値と考えます。たとえていえば、雌鶏の価値はどれだけ卵を産むかで決まるわけで、乳牛の価値も将来どれだけ牛乳を得られるかで決まります。株式もそれらと同様であり、将来、どれだけの配当金を生み出すかで決まるという考え方です。

ちなみに、米国のファンダメンタル・リターンについて70年間の長期統計で見ると、配当利回りが約5％、利益・配当の成長率が約4％で合計約9％となっていました。そして実現したリターンの合計は約11％ですので、評価リターンはごくわずかであったという計測結果があります。

評価リターンとは株価の収益性の見方の変化、具体的には株価収益率・PER（プライス・アーニング・レシオ）、つまり、株価を税引き後、当期利益で割った値の変化で表されます。これは、株価が企業の1年間の利益の何倍となっているかという点を見る指標です。強気の見方となると、株価は1年間の企業の利益の20倍以上の値となりますが、将来について弱気になると15倍以下になってしまいます。

やや難しい話となりますのでこの辺りは飛ばして読んでいただいてもよいのですが、先ほどの配当割引モデルと呼ばれる考え方は、「株価＝配当金÷割引率」と表します。ただし、この考え方は配当金が永遠に変わらないものとしているため、一般的には配当金が増えていくものと考える配当成長モデルと呼ばれる計算方法が用いられ、「株価＝配当金÷（割引率－配当金成長率）」という考え方が用いられます。

この配当成長モデルという考え方では、金利が上昇すると割引率も大きくなり、株価は下落します。ここで割引率というのは、株式に投資する時に、合理的な投資家がリスクの水準や金利を考慮して、最低これだけはほしいと考えるリターン、収益率です。この割引率は金利水準をリスクの分だけ上回るのですが、これが株式リスク・プレミアムと呼ばれる部分です。割引率は状況に応じて変動します。つまり、割引率は金利と株式リスク・プレミアムの2つの要素で変動していきます。

一方、割引率が上昇しても、配当金がそれ以上で増えると予測されれば、株価は上昇することになります。株式の価格は、日経平均株価でも年間で上下22％程度はごく普通に、厳密には確率約68％で上下に変動すると述べましたが、それはこの考え方がさまざまな要素を含むことから明らかでしょう。

また、この考え方は、配当金に着目すれば、企業業績の改善なくしては株価の上昇はありえないことを教えてくれます。つまり、株価は実体経済を反映したものなのです。

やや細かい話が続きますが、こうして計算した東証一部上場企業の株式のファンダメンタル・リターンですが、まず、2019年8月時点で配当利回りが2・7％程度で推移しています。

配当金の成長率は、ROE×(1－配当性向)、つまり自己資本利益率に内部留保率をかけることで算出され、内部成長率と呼ばれます。内部留保率は、利益の中から配当を行わないで企業にとどめる率のことで、株式益回りから配当利回りを引いた差の値を、株式益回りで割って求めます。逆に、配当に利益の何％を充てるかは配当性向と呼ばれます。

株式益回りとは、前に述べた通り、一株当たりの当期純利益を株価で割った値であり、配当利回りとは配当金を株価で割ったものです。これらの差ということは、企業の利益のうち、配当金として支払われないで企業の内部に留保された利益、つまり内部留保率を計算することになります。2019年8月時点のROEは前に述べた通り8・4%程度であり、内部留保率は約65%ですので、これらから計算を行うとファンダメンタル・リターンは8・2%程度と算出されます。

この配当割引モデルで考えると、ROEの変動等で短期的には株価は大きく変動することになります。わが国のROEは変動性が大きく、1988年から2008年のデータでは、ROEの平均値は約7・5%ですが、標準偏差は約8%もあり、大きく下ブレすればマイナスにもなるという状況です。

こうした要因による短期的変動は、長期的な株式投資の収益性、つまりは配当金成長率の平均的なトレンドを中心に、景気変動に伴って起こります。さらにバブルが起こったり、その崩壊が起こったりという変化もあります。そうして複雑な動きをしながらも数十年の期間で考えれば、結局はファンダメンタル・リターンでほとんどが説明される収益以上の値も、それ以下の値も実現しないのです。

ただ、短期的、たとえば10年程度の期間ではこの評価リターン、すなわち株価収益率のマ

図表３－２　米国株式のリターン分解

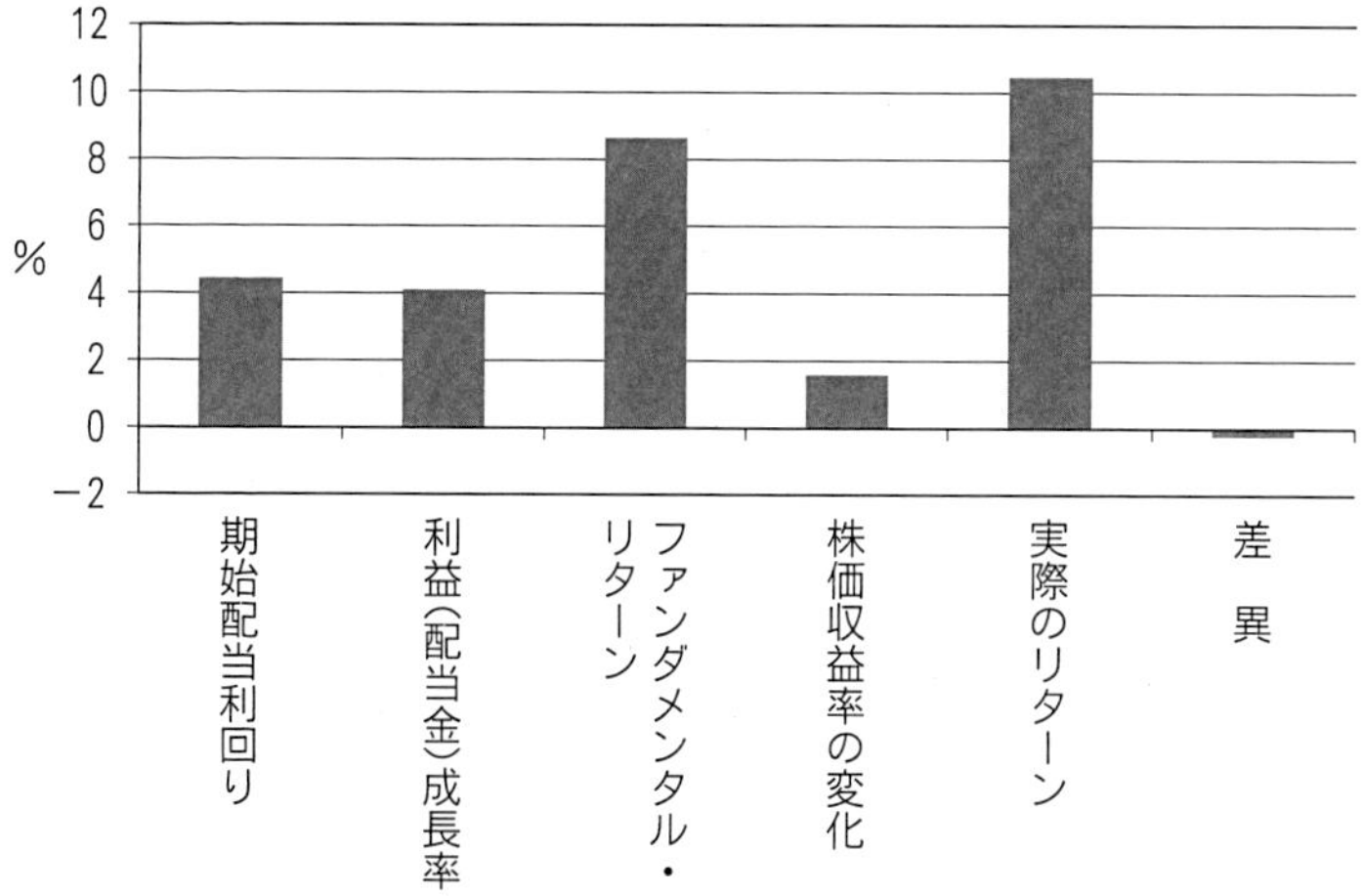


資料：井手正介・高橋文郎『証券投資入門』日本経済新聞出版社，2001年より作成。

イナスの変化がファンダメンタル・リターンを上回ることもあります。１９７０年代や２０００年代の米国がそうしたケースでした。日本の１９９０年代以降は評価リターンがマイナスになるだけでなく、ファンダメンタル・リターンもマイナスとなることが多く、結果として株式投資の収益性はマイナスとなりました。

この短期的な変動を小さくするには、多くの国の株式に投資を行ったり、また、株式の価格変動と逆の動きをすることの多い債券投資との資産分散を行うことにより、その変動性を緩和することが有効なわけです。そうして実現される収益性は、長期の債券、株式に分散投資を行った場合の投資割合の平均値になります。

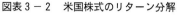

ここでは、株式投資の収益性をファンダメンタル・リターンの考え方で説明しましたが、専門家ではビルディング・ブロック法と同様に、常識的なこの考え方も一般の方には知られていない見方だと思います。

わが国の日経平均株価の標準偏差は22％程度ですので、ファンダメンタル・リターンの計算や、ビルディング・ブロック法による収益性の推定値である年率8％の収益率を考えると、今後も企業活動が現在の水準を保つことができれば、日経平均株価は1年間にプラス28％からマイナス16％の間で、確率68％の幅で上下に変動しながら、平均的には年率6％程度で長期的に上昇していくと考えられます。

## 4．債券投資の利回り

株式投資のファンダメンタル・リターンから見た収益性について述べてきましたが、株式投資と合わせて用いる資産分散の投資対象として債券は非常に重要なわけです。しかし、その債券価格と金利の関係を理解し、債券の利回りの考え方を理解している方は少ないと思います。

債券の利回りとは債券の価格を分母とし、分子に利金を考える直接利回りや、債券を償還日まで保有した場合の1年当たり収益を分子とする最終利回りがあります。一般に、債券の利回りという場合は後者の最終利回りを指します。

利回りの分母となる債券価格は金利が上昇すれば下落します。たとえば、利率１％の10年物の債券があるとします。そして、債券の発行直後に金利情勢が急変し、長期金利が１％上昇して２％となったとします。実際、２００３年６月に、長期金利が短期間に１％以上上昇することがありましたので、こうしたことはありうることです。

そして、利率２％の10年物の債券が翌月に発行されたとします。すると、ほぼ同じ10年間、毎年１％分だけ高い利金の債券が新しく発行されたことになります。この債券との収益性の比較から、利率１％の債券は毎年１％の約10年分、つまり約10％相当の値引きをしなければその魅力は乏しくなるのです。

つまり、利率１％の10年債１００万円のトータルリターンは１１０万円ですが、利率２％の10年債のトータルリターンは１２０万円ですから、10万円の収益の差に見合うだけ利率１％の債券は値下げしないと誰も買わないのです。こうして債券の価格は、市場で金利が上昇すると下落し、逆に金利が低下すると上昇するのです。

なお、債券の償還日までの期間、つまり残存期間の長い債券の方が、短い債券より価格変動は大きくなります。これは金利変動の影響を受ける期間が長いからですが、期間の長い債券に投資を行う場合には、より一層金利の情勢について注意が必要となるのです。

債券価格の変動、すなわち長期金利の変動はさまざまな経済状況の影響を受けます。たとえば、米国の金利が上昇した場合、わが国の長期金利も上昇して債券価格は下落することが多いといわれます。これはより金利の高い米国へと資金が日本から流出し、結果としてわが国の国内の債券市場の需要と供給の関係が引き締まるからといわれます。

つまり、国内の債券市場でお金を運用していた人が債券を売却し、米国の債券を購入するため、国内の債券市場では買い手が減少して債券価格が下落し、長期金利は上昇するというわけです。

また、為替相場が円安になると金利は上昇するといわれます。なぜなら、円安になれば輸出は増大し、景気はよくなります。また、輸入品の物価は上昇して、国内物価の上昇要因になります。物価の上昇は金利の上昇を招きますので、円安は金利上昇要因となります。

円高はその逆で、円高になれば輸出は減少し、輸入は増えて景気の悪化要因となり、輸入物価も下落し、金利は低下していくと考えられます。ですから、円高から債券価格上昇へという流れが考えられます。

なお、逆に長期金利が上昇して債券価格が下落した場合は、為替相場は円高になることが多いといわれます。これは、わが国の長期金利が上昇することにより、海外で運用していた資金が戻ってくると考えられ、為替相場が円高に動くからです。

前に述べた政府の試算では、2025年には長期金利は1・3％になるとされています。しかし、1％の長期金利の上昇は、残存期間10年の長期債券の価格を、約10％引き下げる効果があります。そのため、金利上昇の債券の価格への影響は大きいといえます。

しかし、景気回復によるものであれば金利の上昇は自然なことであり、否定すべきことではありません。これはいわゆる良い金利上昇と呼ばれる現象です。とはいえ、大量の国債を保有する金融機関は、この金利上昇で保有債券の価格が下落しますので、そうした影響を少なくするために長期債券の保有量をすでに減らしています。

こうした長期金利の上昇の可能性を考えると、国内債券に投資をされる方は、株式ファンドや海外の債券、株式に投資するファンドへの資産分散を行いたいものです。

なお、債券への投資だけで、こうした金利変動のリスクを低減する投資手法もあります。それはイミニュゼーションと呼ばれる手法です。簡単にいえば、複数の残存期間の債券を購入し、デュレーションと呼ばれる債券の平均残存期間を一定に保つように、債券の入れ替え売買を行っていくと、たとえば、金利が上昇して債券価格が下落した場合には、再投資収益の上昇がそれを補い、収益率は債券投資を始めた当初の利回りに等しくすることができる、つまり、投資を開始した時の収益率を確保できるという方法です。

これは事前に特定された利回りが実現するために、リスクの小さい運用となりますが、これを一般の方が行うことは実際には不可能ですので、現実的には、残存期間の短い債券から長い債券までを均等に保有するラダー・ポートフォリオという投資方法が簡単です。

ラダー・ポートフォリオは、100万円の債券のポートフォリオをつくるのに、まず残存期間1年から10年までの債券を10万円ずつ買います。そして1年が経過したら、償還期限の来た残存期間1年の債券の代わりに、残存期間10年の債券を購入します。こうして常に、残存期間が1年から10年の債券を、同じ額で保有する状態を保つ投資手法で、債券投資における消極運用の1つです。

また、債券の価格について金利変動の影響を受けない債券投資としては、期間10年の変動金利型個人向け国債があります。これは、インフレ懸念を持っている個人に対して開発された商品といってよいと思います。従来は、年4回発行されていましたが、2014年から毎月発行されるようになりました。

この個人向け国債は、最低の利率が保証された変動金利型の国債です。通常の国債は固定金利ですが、これを金利スワップという短期と長期の円の金利を交換する高度な金融技術の考え方を用いて、半年ごとに金利が変わるような商品としています。

本当の変動金利商品には、個人向け国債のような最低利率の保証もなく、また、変動金利の決め方についても一定のルールを決めることは無理であり、その時々の市場の情勢によるのですが、この商品ではそれを可能としています。

債券投資の場合、インフレが発生して金利が上昇すれば、債券価格が下落するのですが、この個人向け国債は変動金利となっていますので、そうした金利リスクはなく、インフレが起これば変動金利の利率が上昇していく商品となっています。

変動利付債といえば、通常は6カ月の短期金利に連動した利率で決められるのですが、この個人向け国債は、その時の長期国債の利回りに0・66をかけて算出され、固定されています。

通常の長期固定金利と短期変動金利の金利スワップ取引は、市場で取引されています。ですから、本当に金利スワップの仕組みを用いて、短期の変動金利をつくり出す仕組みを使えば、変動金利と固定金利の関係は日々変動しているのです。

それが個人向け国債は、基準金利とする新発の10年国債の利回りにかける値を、0・66に固定しているわけであり、民間の債券では考えられない商品性となっています。前に述べた政府の試算では、2028年度に長期金利は2・9％になると試算していますので、その時、個人向け国債の利回りは約1・9％になり、インフレ目標値である2％と同じぐらいになります。

また、この国債は途中で売却するには、直近2回分の利子に一定の比率をかけた金額が差し引かれることにはなりますが、元本は保証されています。変動金利の債券は、金利の変動に利率が追随しますので、固定金利の債券のような元本の価格の変動は起こらないのですが、その考え方を取り入れて元本保証を可能としています。

変動金利型債券が、なぜ金利が上昇しても元本割れしないかというと、金利が上昇すれば新たに発行される債券の方が利率は高くなり、古くて利率の低い債券の価値が下がることは前に説明しましたが、変動金利型は金利が上昇すればその金利も変動して上昇するので、古くなっても価値が減少しないからです。つまり、債券発行時の金利によって債券の価値が決定されることがないのです。

そこで、急激なインフレがやってきて国債価格が暴落するとか、財政赤字で国債の利回りが上昇すると考えているような方も購入できる債券であるということになります。国債価格が暴落するということは、長期金利が上昇するということであり、その時は個人向け国債の変動金利も上昇し、債券としての価値を維持することになります。そのため、公的年金や企業年金がインフレで目減りすることがライフプランに大きく影響するシニアには適しているといえそうです。

ともあれ、元本割れを嫌い、将来のインフレを懸念される方にはこの個人向け国債は、有力は運用手段となると思います。前に述べたように、企業年金の場合にはインフレにスライドする制度は公的年金と異なってありません。また、公的年金もマクロ経済スライドによってインフレには追い付きません。したがって、シニアの方はインフレ率を上回るだけでなく、それ以上に殖やしていく資産運用にも取り組んでいく必要があります。

しかし、変動金利国債ではその時々の短期金利の水準での収益性しか得られません。つまり、銀行の6カ月定期預金と同じくらいの収益性しかないわけです。そうした点から考えると、長期間の資産運用では効率的とはいえない面もあります。その点、物価連動国債は長期国債の利回りが保証されつつ、インフレのリスクも回避できますので、これから有力な運用商品となる可能性があります。

債券投資は、これから長期金利の水準が上昇していけば魅力的となっていくでしょう。一般の方々の資産運用にとって重要な商品となると思われますので、債券投資の知識は大切にしたいところです。ただし、一般の方が債券の売買を行いながら運用することは、前に述べたラダー・ポートフォリオ以外は簡単なことではありません。実際には債券に投資を行う投資信託を購入する際の知識として備えておけばと思います。そして、長期金利が上昇すれば債券に投資を行う債券ファンドが多く発売されることと思いますので、そうした投資信託商品を活用されてはと思います。

## 5. 為替相場と資産運用

債券投資の価格変動性について述べてきましたが、資産運用において分散投資を考える場合、為替相場は考えなければならない点です。なぜなら、これまで述べてきたように株式にしても債券にしても国内だけでは十分な分散投資はできないため、海外の株式、債券に投資をする必要があるからです。そのためには為替相場変動の問題を避けて通れないことになります。

為替相場については前に少し述べましたが、長期の資産運用において重要となる購買力平価説を中心に述べたいと思います。購買力平価説とは簡単にいえば、物価上昇率の高い通貨の価値は将来的に下落するのであり、通貨の交換レートはそれらの通貨の物価上昇率の差が決めるという考え方です。たとえば、ハンバーガーが日本で100円、米国で1ドルするとすれば、そのハンバーガーを買う通貨の能力に着目して通貨の価値を考え、日本円と米ドルの為替レートは1ドル＝100円となるというものです。ここから話しを一般化し、各国の物価上昇率を比較して、その差に応じて為替相場が変動していくと考えられるようになりました。

先ほどのハンバーガーの例ですと、日本銀行のインフレ目標によって5年後は日本でハンバーガーが約110円、米国でもFRB（連邦準備制度理事会）のインフレ目標で年率2％のインフレが続き、約1ドル10セントになるとします。すると、5年後にハンバーガーを日本と米国で買う場合を考えると、110円＝1ドル10セントとなるので、5年後の為替レートは、1ドル＝100円で今のレートと変わらないことになります。

仮に日本のインフレ目標が失敗して年率1％しかインフレにならず、5年後にハンバーガーは105円、米国は目標を達成すると5年後にハンバーガーは1ドル10セントですので、為替相場は105円÷1ドル10セント＝約95円となります。長期的な為替レートの変動の傾向を説明するには、この購買力平価説が有力な考え方とされています。

実際の為替相場で見ても、購買力平価の傾向と実際の為替相場の傾向は概ね一致しています。ただ、実際には貿易取引の対象になる商品だけで算出した輸出物価による購買力平価の方が、実際の為替相場の動きとより似通った変動をしています。例として説明したハンバーガーは、実際には貿易取引はされないのでその国の事情によって違ってきますが、車のように世界で貿易取引の対象となる商品で計算した購買力平価の方が、実際の為替相場変動にマッチしているわけです。ともあれ、5年、10年単位で見ればこうしたインフレ率の相対的な関係によって為替相場が変動することになると考えることが妥当とされています。

わが国の通貨である円が2013年から円安になった理由は、異論もありますが、この購

図表３－３　購買力平価と実際のドル円相場の推移

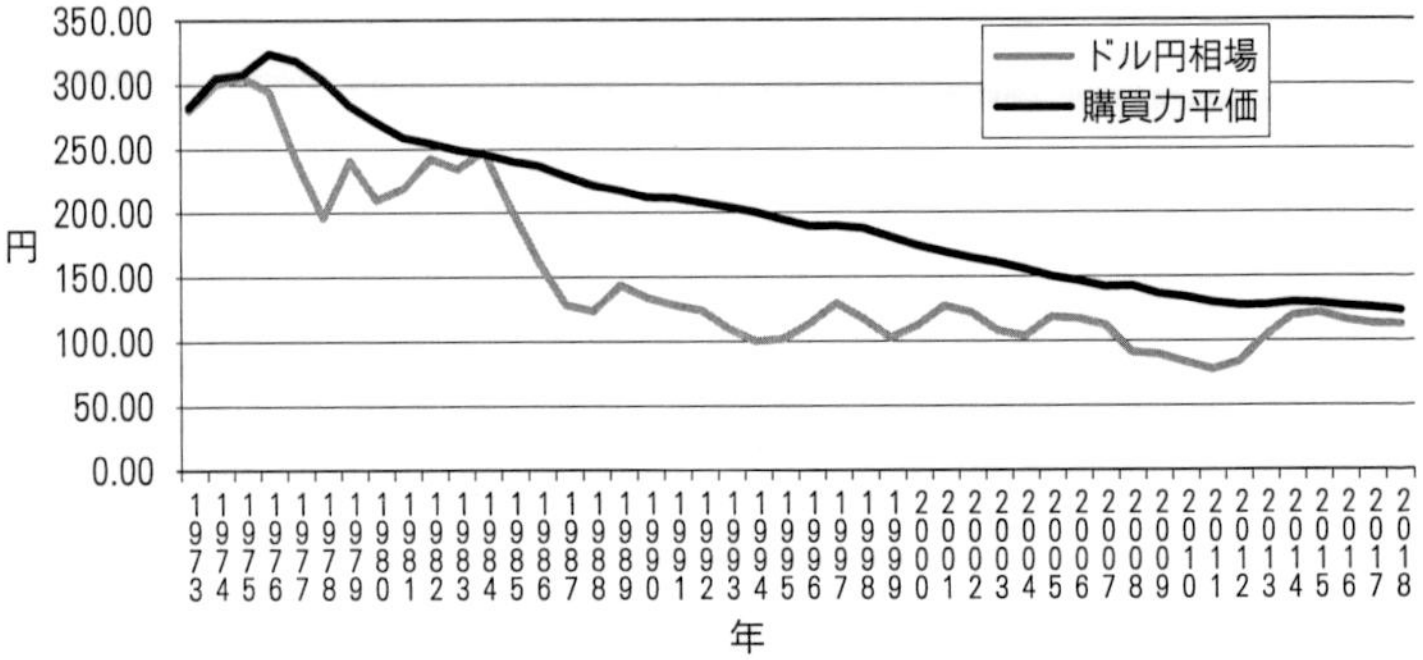


資料：公益財団法人国際通貨研究所ホームページ。

買力平価の考え方による為替レートの変化が将来的に起こると外国為替市場の参加者が予想し、それに対応して短期間に為替市場で変化が起こったのではないかと考えられます。

日本銀行がインフレを目指すことが決まった時点では当然のことがら実体経済にインフレは起こっていませんでした。しかし、金融市場や為替市場の動きは実体経済の動きより早いのが特徴です。そして、実体経済の変動の程度を大きく上回ってしまい、いき過ぎることもあります。そして、実体経済の変化の様子を見ながら妥当な水準に落ち着いていくことになります。こうしたことは専門的にはドーンブッシュ・モデルとして理論化され、広く知られています。しかし、その落ち着く時にはさらに新たな状況が起こり、また、為替市場や金融市場は変動します。こうして結果として為替市場や金融市場は不規則な変化を続けることにな

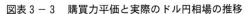

ります。

ところで、インフレ率が高くなるとその国の金利も高くなります。そして、インフレを抑えるためにその国の中央銀行は基準となる短期金利を高くし、インフレを抑制しようとします。マイルドなインフレは経済に良い効果を与えますが、いき過ぎたインフレは経済、そして国民生活に悪影響を与えると考えられるからです。そこで、その国の預金や債券の利率も高くなります。しかし、インフレのために高い利率の預金や債券は長期的にはその国の通貨価値が下落してしまい、投資の対象としての魅力は少ないのです。つまり、その通貨に対して円高が起こり、円ベースでの手取りの収益性は減少するのです。

また、前に少し触れた金利平価説という物価の代わりに、金利に着目した短期的な考え方があります。1年の金利が1％の国の通貨と、3％の国の通貨があるとすれば、1年後には金利の高い国の通貨は通貨価値が下落するという考え方です。これは3％の通貨で運用することは有利ですが、1年後には運用を終えて元の通貨に戻そうという動きが為替市場で起こるためとされます。

もっとも、短期的には金利の高い通貨で運用した方が有利となるため、為替相場は一時的にその通貨が強くなります。この考え方から外国の金利が上昇すると現時点で円安になり、わが国の金利が上昇すると現時点で円高になります。さらにいえば、金利が上昇するのは景気が良い時ですから、景気が拡大することが示される情報が出るだけでも、その国の通貨は強くなるという現象が起こります。

しかし、これらは将来の逆の動きで相殺されると考えられるのです。つまり、ある国での高金利の資産運用が一方的に良い結果を得ることはないと考えるわけです。

ともあれ、長期的に高金利通貨に投資する時は、その国のインフレ率に着目してください。長期的な投資においてインフレのために高金利となっている通貨への投資は意味がないといえると思います。

一般の方々の債券、株式を活用した資産運用は、それらに分散を行った場合でも5年以上が望ましいので、このインフレ率の差によって為替相場が変動するという考え方が当てはまる可能性が高いと思います。そう考えれば、為替相場の影響は長期投資ではあまり大きくないともいえるでしょう。

実際、年金資金の運用のような長期運用の専門家の間では、そうした考えを取る立場が多数派でしょう。しかし、海外債券投資についてのその価格変動性の大きさを問題として、投資対象としない立場もあります。この辺りは専門家でも意見が分かれるところですが、一般の方々は、長期投資においては為替相場の短期的変動はさほど問題でないことと、インフレを理由とした高金利通貨は魅力がないことを覚えておけばよいのではないでしょうか。

現実の為替相場の変動は複雑ですので、このように単純化はできないのですが、こうした考え方を基本に持つことは大切と思います。

## 6．分散投資とその限界

長期投資において、為替相場変動のリスクはさほど問題にならない可能性が高いという立場について述べましたが、実際の分散投資においては海外の株式、債券への投資が不可欠です。分散投資は投資対象を広げれば広げるほど、リスクの減少に効果があるからです。また、為替変動もそれ自体が外貨預金と日本株式の組み合わせで述べた通り、分散投資効果を持っているからです。

分散投資のメリットはリスク・不確実性を小さくすることであり、リターン・収益性の向上ではありません。分散投資は収益性の安定のための手段なのであり、より安定的な資産運用を一般の方々が行うことが可能になります。

過去のデータ（1970年から2008年）では国内・外の債券、株式の4資産に均等に分散投資を行い、それを5年保有した場合には元本割れはしていないという試算があります。国内・外の債券、株式の価格変動は多様であり、これらに分散投資を行うことによって価格変動性は減少するのです。

図表３－４　国内・外債券，株式４資産の価格変動の推移

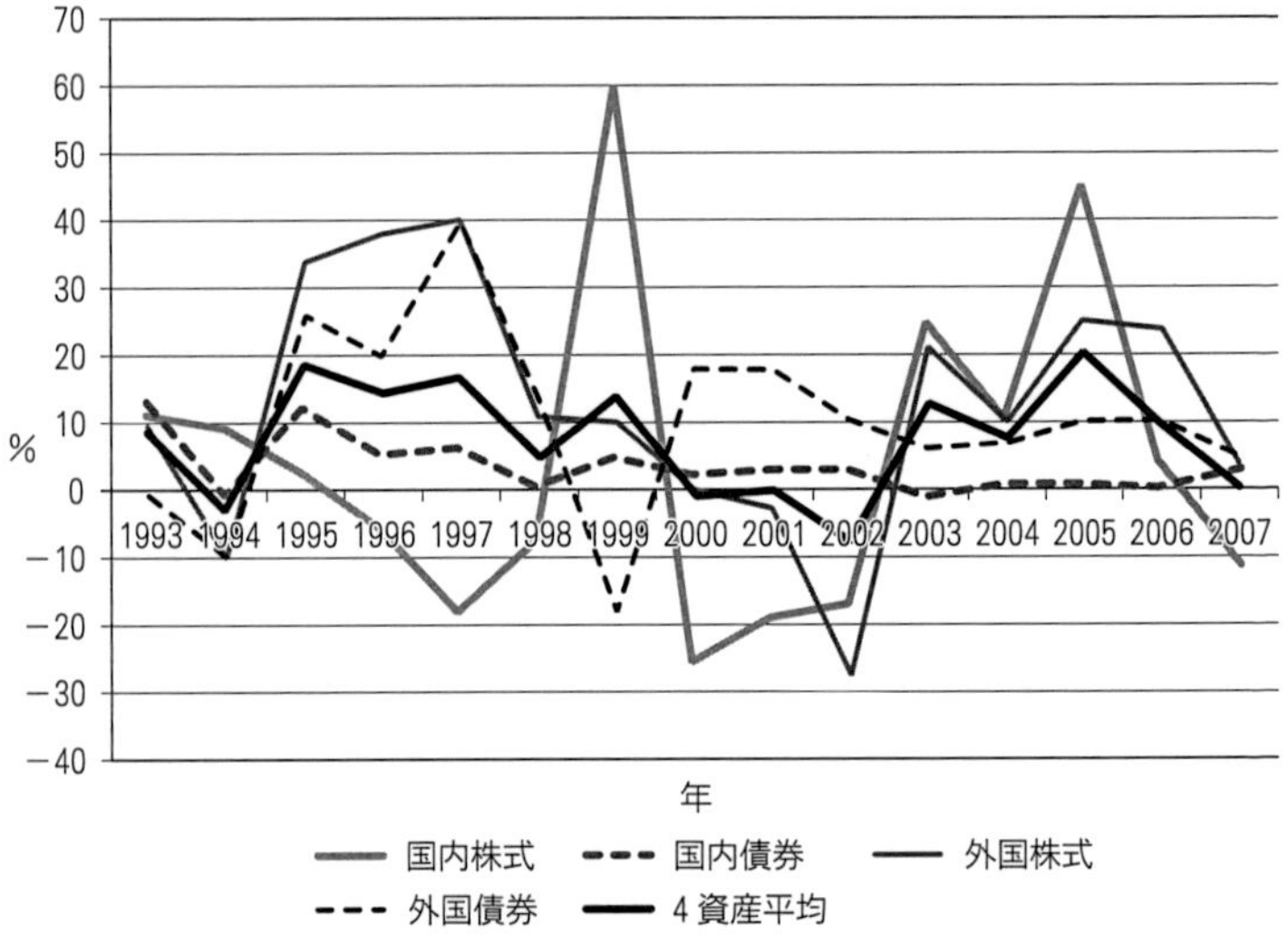


資料：田村正之『しぶとい分散投資術』日本経済新聞出版社，2009年より作成。

分散投資のリスク減少効果は大きなものがあります。また、海外債券と日本株式の分散投資について述べたように適切な資産の組み合わせによる分散投資を行えば、リスクを低減させながらリターン・収益性を向上させることも可能なのです。

一方、デメリット・限界としては、１つの資産価格の変動を利用して短期的に大きな収益を得ることはできないという点があります。たとえば、２０１２年の年末に日本株に集中投資をしていれば、２０１３年の株価上昇を利用して素晴らしい収益を得ることができましたが、そうした集中投資からのメリットは得られません。

もっとも、その収益は大きなリスクを取った上でのことであり、株式投資の真の収益、ファンダメンタル・リターンとはいえないのであり、また、短期に集中投資を長期間繰り返してそうした投資成果を得ることは困難です。短期の取引は株式の価格・プライスの取引でしかなく、株式の価値、つまりバリューの取引とはいえないでしょう。

また、収益の面では、各資産への投資割合の平均値以上の収益は得られないということがあります。分散投資はリスクの低減はできても、海外債券投資に日本株投資を組み合わせて得られるような場合を除けば、収益性の改善は基本的にはできないのです。それでも分散投資が適切な運用手法であるのは、リスクの低減の効果が大きいので、リスクを考慮した収益性としては改善するからです。

問題は分散投資の資産配分です。図表2－3で示しました公的年金の分散投資の資産配分をモデルとしてコピーすることができるのですが、問題もあります。まず、第一に運用期間の点に留意する必要があります。年金制度のさまざまな基本ポートフォリオといわれるものは、20年以上の長期の統計から算出されています。それを5年や10年の運用に適用してよいのかという問題があります。

たとえば、年金制度の基本ポートフォリオは、野球やサッカーのリーグ戦で勝つための作戦のようなものであり、それを5年、10年のいわばトーナメント戦ともいえる短い期間の運用に用いてよいのかということです。

第二に、過去の各種の資産の価格変動は、過去のわが国、そして世界の経済の構造・仕組みに基づいているという点です。中国等の新興国や東欧諸国の変化、ユーロの情勢の変化など経済構造が変わっていくため、過去の実績をそのまま鵜呑みにすることができないでしょう。

たとえば、日本株の今後の収益性について、高度経済成長時代のデータを含む長期の統計を用いても適切な推計はできないということは明白だと思います。そこで、この本で用いているビルディング・ブロック法では実質経済成長率は、マクロ経済学の専門家の多くが試算している2％と想定しているのです。しかし、そのビルディング・ブロック法も債券、株式のリスク・プレミアムは過去の実績を用いている場合が多いようです。

第三に、こうした資産配分が投資を始める時の市場の状況に合っているか、という問題です。同じことが繰り返される可能性が小さくないとしても、投資を始める時が、統計の対象となった期間の平均的な状態とは異なるという場合が通常です。基本ポートフォリオは服装と季節にたとえれば、年間平均気温に対してベストの服装の組合せをつくったようなものといえます。実際に投資を行う時は春や秋だけでなく、夏か冬かもしれないのです。

積立投資を否定する意見の1つに、ベストの資産配分で投資を開始するのだから、一括投資でよいという意見がありますが、市場が夏か冬かもしれない時に年間平均気温で考えた服装で市場に飛び込んでもベストではないといえるでしょう。そのほかにも、専門的にはさまざまな問題点が指摘されており、年金の資産配分については意見が分かれてくるのです。

そこでたとえば、資産の配分について有力な専門家の意見が新聞等で大きく取り上げられたとします。日本の株価は金融緩和政策で2倍になる、新興国への投資のブームは終わった、それを踏まえた資産配分はこうだ、などといったものです。そうした場合にどうすればよいでしょうか。そのような場合でも極端な資産配分にすることは避けるべきだと思います。

少量でも分散投資がされると大きくリスクが低減しますが、最適とされる割合のあたりでは、1割、2割配分が異なっても、そう大きなリスクの差にはなりません。10%の資産内容の変更も、0%と10%では大きな差となりますが、30%と40%ではリスクの変化の度合いは小さく、同じ10%の変更でも極端な変更の影響は大きいものです。外貨投資の割合を50%とするか、40%とするかといった点はさほど問題ではないのです。それが外貨投資を5%以内にするといった意見である場合は影響が大きいので、その根拠をよく検討する必要があると思います。

そして、こうした資産配分の問題を小さくするのは、前に述べました投資開始時期の分散の活用です。何度にも分けて、投資を開始することによって変化している市場の状況にも対応できる可能性が高まります。

図表３－５　分散投資の資産配分の変更による標準偏差の変化

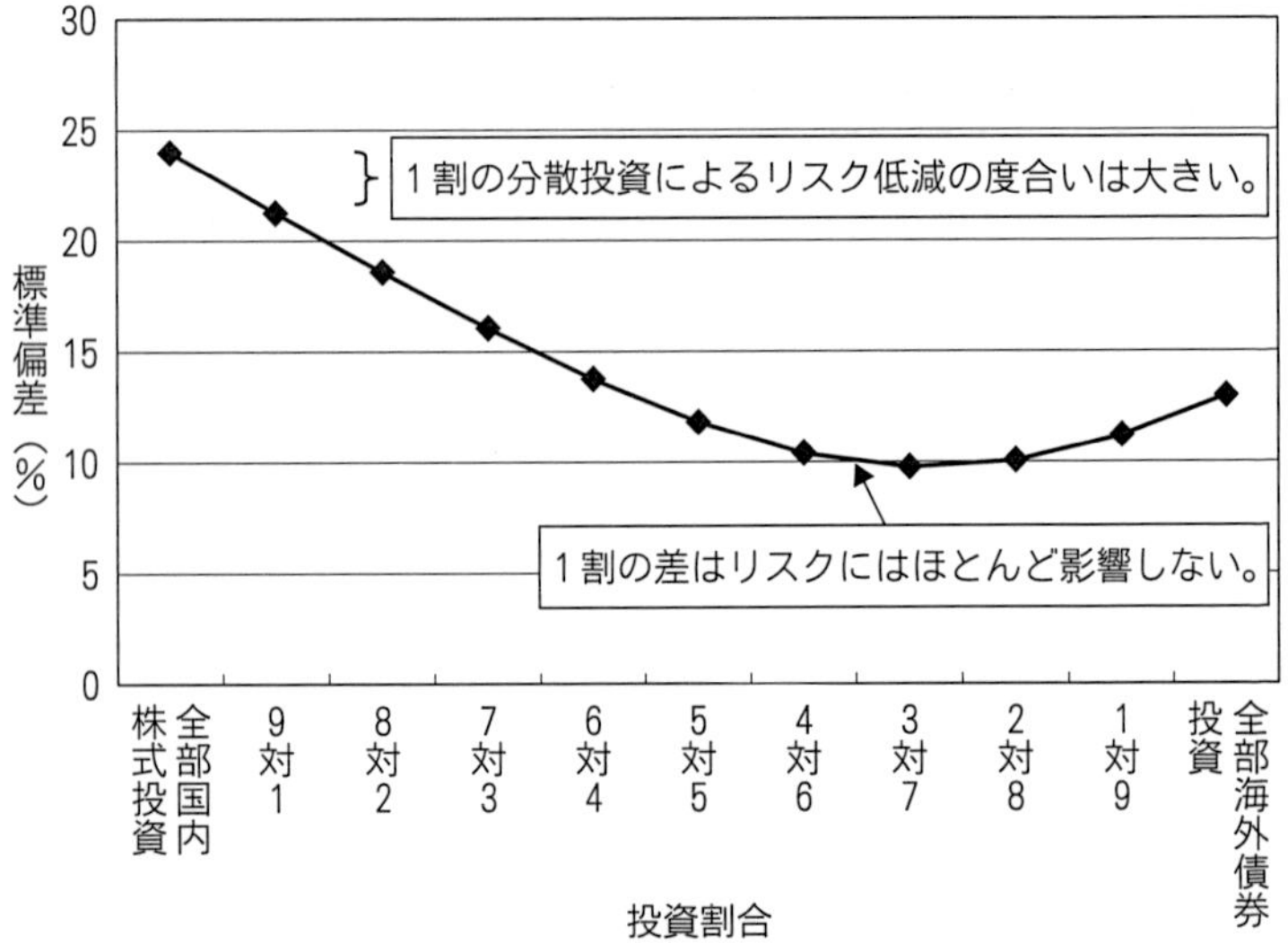


資料：拙著『シニアのための堅実な資産運用』松本大学出版会，2014年。

分散投資は堅実な資産運用には不可欠ですが、具体的に行おうとするとその資産配分の算定根拠、これから行う投資期間とのミスマッチ、そして、投資開始時期の市場の状況などさまざまな問題があることは事実です。しかし、細かい資産配分の問題はあるものの、リスク低減の手法として分散投資はやはり有効な投資手法だと思いますので、その限界を知りながら上手に活用するべきでしょう。

なお、基本ポートフォリオのように、各種の資産の配分を固定する考え方には前に紹介したシャープ氏から批判が行われているのですが、それは後で述べます。

# 7. 値下がりに効果がある積立投資

分散投資の資産配分の決め方にはさまざまな問題があることを述べましたが、一般の方々が堅実な投資を行っていくには分散投資が大切です。しかし、さらに考えると、積立投資によって投資の開始時期を分散させることが大切です。これについては前に述べましたが、具体的に分散投資が行われた投資商品である投資信託に、積立投資を活用した場合には値下がり、元本割れの可能性が小さくなることが証明されています。ここに、この投資手法の真価があると思います。

積立投資信託は、毎月、一定額の購入を行うシステムが備わっている商品で、多くの金融機関で品揃えがあるものの、すべての投資信託が積立で購入できるわけではありません。定期的に一定金額を購入する手法、いわゆるドルコスト平均法によって投資を行うのですが、高値掴みを避けることができ、元本割れを防ぐ可能性が高いことが知られています。心理的にも後悔するリスクや投資への規律の必要性から合理性があるとされます。

反対に、価格が一方的に上昇する場合は、一括投資に比べて収益性が落ちます。また、価格が上昇した後、投資の最後に価格が下落すると結果的に高値掴みが起こり、収益性が悪化するといわれていました。このようなデメリットもあって、積立投資には収益性の点から合理性はなく、心理的には気休めに過ぎないとして低い評価を与える専門家もいます。

しかし、最近の研究では、リスク管理の点で効果的な手法であることが実証される論文が発表されています。前に少し触れた工藤氏の研究では、バリュー・アット・リスクの考え方を用いて、ドルコスト平均法がリスクに効果があることを示しました。

バリュー・アット・リスクとは市場性の資産運用のリスクを計測する手法ですが、これは統計と確率の考え方を用いて、過去の一定の観測期間の価格変動率を基に、一定期間の将来において一定の確率での価格変動の予測を行います。そして、その予測される損失を最大損失ととらえて、投資を行った場合のリスクを数量化する方法です。現在ではデリバティブ取引と呼ばれる高度な金融取引のリスクを把握する仕方のスタンダードとなっている方法です。そして、この手法はあらゆる市場のリスク、つまり価格変動リスクの把握に用いられています。

工藤氏は、東証株価指数を用いたシミュレーションでは、一括投資では5年後に約56%の確率で運用資産が20%減少するが、ドルコスト平均法ではその確率は約27%に過ぎないと述べ、バリュー・アット・リスクの点から、ドルコスト平均法が価格下落リスクのコントロールに有効な運用方法であることを証明しています。

また、工藤氏は標準偏差を用いた分析についても、米国の株価指数であるＳ＆Ｐ５００を

図表３－６　５年後に元本が20％減少する確率（2000～2010年）

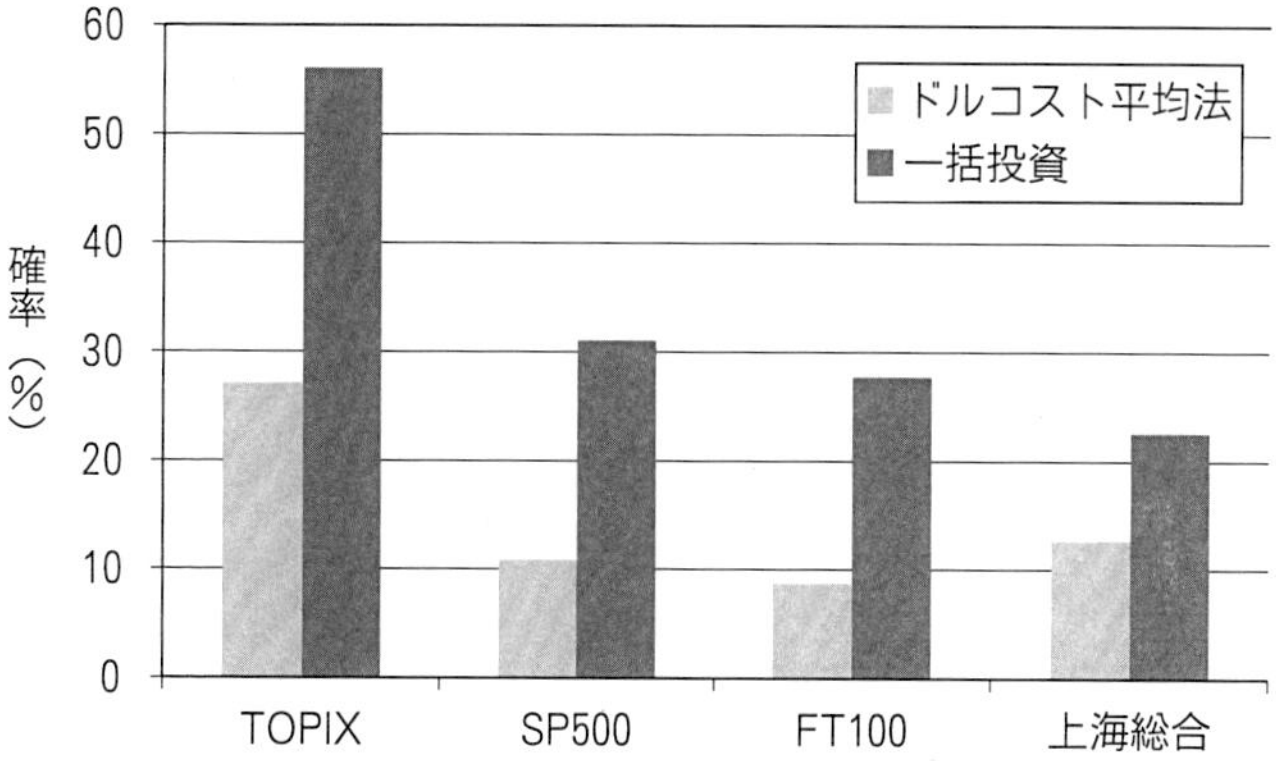


資料：工藤清美「ドルコスト平均法の有効性の分析」『ファイナンシャル・プランニング研究』No. 12，日本FP学会，2013年。

用いて５年運用後の標準偏差はドルコスト平均法が約25％、一括投資が約43％であり、ドルコスト平均法に対する一括投資の標準偏差が約１・７倍であることを指摘し、その投資結果の変動性の少なさを実証しました。

こうして工藤氏はドルコスト平均法の利点は、リスク、つまり価格変動性の低減であることを明らかにしています。心理的にドキドキしなくて済む、などと曖昧な表現がされていたドルコスト平均法ですが、この研究はドルコスト平均法が損失のリスクについてコントロールの効果があることを明確に示してくれました。

また、シニアの方の退職金の運用は重要ですが、加藤康之京都大学客員教授は、退職金は一括投資をしないでドルコスト平均法で投資した方が資産を大きく失う可能性は少ないという趣旨の論文を

2018年に発表しています。

積立投資信託は、一度設定すると投資する人の意思に関係なく投資されますので、市場の環境によって投資する人の投資判断が不要になるわけです。こうした投資方法をフォーミュラ投資と呼びます。

フォーミュラ投資は、人間の主観や意思の弱さを排除する方法です。行動ファイナンスの意見を用いるまでもなく、こうした機械的な投資は投資家の意思決定の負担を軽減してくれるといえるでしょう。価格下落のリスクの低減効果と合わせて、一般の方の投資の意思決定の負担を軽くしてくれると思います。

ドルコスト平均法は、定時定額投資の方法ですので、投資信託の価格が下がった時に多くの投資を行い、価格が上昇した時には少なく投資を行う逆張り戦略となります。これを意識的に行うことは一般の個人には難しいことですが、フォーミュラ投資として自動的にこれを行ってくれるといえ、つみたてニーサはこうした積立投資信託を対象としたものです。

米国の1929年の株式の大暴落から始まった大恐慌の時に、債券と株式に、均等に分散投資をしていれば約7年で回復したという試算がありますが、さらにこれにドルコスト平均法で暴落後も株式と債券への分散投資を続けたとしたら、約4年で投資元本を回復したという試算もあります。工藤氏、そして加藤教授の研究や、米国の大恐慌における試算のように、分散投資を用いた積立投資の損失のコントロールの効果は実に大きいと思います。

なお、積立投資信託では、リバランス機能のあるバランスファンドの活用がポイントでしょう。リバランスとは、複数の資産に投資をするバランスファンドの資産配分が価格変動により、当初の資産配分からずれた時に元の資産配分に戻すことです。

しかし、バランスファンドの資産配分に固定することが、必ずしも良いというわけではないという意見もあります。前に述べたようにシャープ氏は、リバランスをする投資家は固定構成比戦略を採用しているわけであり、これは証券市場を相手に賭けを行うことになると述べています。

そして、真の消極運用を採用し、市場全体への投資を意図するならば、資産価値における構成比を固定するような方針に従うことはできないと述べています。その時の各証券の市場価値に基づいて投資をするべきであり、それが最も適切な投資結果を生むというのです。

このシャープ氏の意見は、長期投資の間に移り変わる実体経済を反映して、さまざまな資産の価値も変わっていくことに着目していると思います。日々変化する証券市場の状況に追い付きながら運用する立場であり、過去のデータに縛られない立場といえるでしょう。

この立場は、資産配分、アセット・アロケーションにも消極運用を取り入れるという立場です。しかし、世界の市場が、すべて効率的に証券価格の情報処理がなされているかどうかは難しい判断であり、前に述べたように、世界の市場が完全に統合しているとはいえないように思います。とはいえ、世界の市場がそうした方向に進んでいることは確かでもあります。

そこで、この立場をとれば国内・外の株式、債券に投資を行うインデックス・ファンドを別々に積立投信で購入し、そのままリバランスもしないで保有しつづけることが適切な投資手法となります。この立場に立てば、資産配分を固定してリバランスを行うバランスファンドは不適切となります。

バランスファンドは運用管理費用（信託報酬）が高い商品が多いのに対し、インデックス・ファンドはこの費用が安価であるため、長期投資においては大きなコスト削減になりますのでこの考え方は重要でしょう。具体的には、世界の株式に投資を行うインデックス・ファンドと世界の債券に投資を行うインデックス・ファンドを用いることになります。こうした商品では海外資産の割合が非常に高くなりますので、その点には注意が必要かと思いますが、理論的には優れた投資手法だと思います。

# 第 4 章

# 投資信託の活用方法

## 1．投資信託の仕組み

第3章の最後では投資信託による積立投資が価格下落リスク、元本割れのリスクを小さくすると述べましたが、ここであらためて投資信託について整理しておきたいと思います。投資信託とは、多くの人から少額の資金を集めて、資産運用の専門家が分散投資で運用を行い、その運用の結果を投資家が受け取る仕組みであり、そのための費用が適切であれば一般の方々が取り組みやすい金融商品です。

「貯蓄から投資へ」に関連して少し述べましたが、投資信託は専門的には市場型間接金融の商品と呼ばれています。市場型の意味は株式や債券という市場で取引される金融取引を用いるからです。間接金融の意味は、資金の出し手が、直接、株式や債券に投資しないで資産を運用する専門家に取引を委託し、直接的に資金の取り手とは取引することがないからです。

現代の金融取引は非常に高度化しており、個人が、直接、証券市場に参加することはかなり困難な状況になっているともいわれています。確かに政府は「貯蓄から投資へ」ということをよくいうのですが、金融のプロの中へ素人が1人で市場に参加しても、そう良い結果は得られないと思います。そこに投資信託という商品が用いられる理由があります。政府も、投資信託を多くの国民に活用してもらうことを期待して、1998年に銀行等にその販売を許可しました。
株式市場の高度化の一例をお話しますと、現代の株式投資の世界では、ハイ・フリークエンシー・トレーディング（ＨＦＴ）と呼ばれる高速取引のシステムがプロ、特に国際的に活動している投資家では用いられています。これはコンピュータによって1秒間に1万回近くの株の取引を行うこともある取引で、日本株の注文の約6割を占めているといわれています。これが現代の株式取引なのです。

やや難しい話となりましたが、多くの個人から資金を集めて大きな資金とすると、資金運用のコストが割安になります。少額では買いにくい株式や債券も、大きな資金とすると買うことができます。そして何より、一般の方には投資が困難な海外の債券、株式を含めた分散投資を行うことができるのです。また、投資信託の運用は資産運用の専門家が行うので、情報収集、分析、そしてその後のフォローの点で優れているといえます。

そして、運用の結果はすべて投資家が受け取ることになり、それは損失の場合も含むわけですが、商品の仕組みは透明性が高く、わかりやすい金融商品といえます。金融商品の中には内容がブラックボックス化していて、よく仕組みがわからないものもあります。特にデリバティブ取引を含む商品や、外国為替取引を取り入れた商品にはその傾向があります。しかし、投資信託はそうしたことが少ない商品といえるでしょう。もっとも、情報開示が行われ

図表4－1　契約型投資信託の仕組み

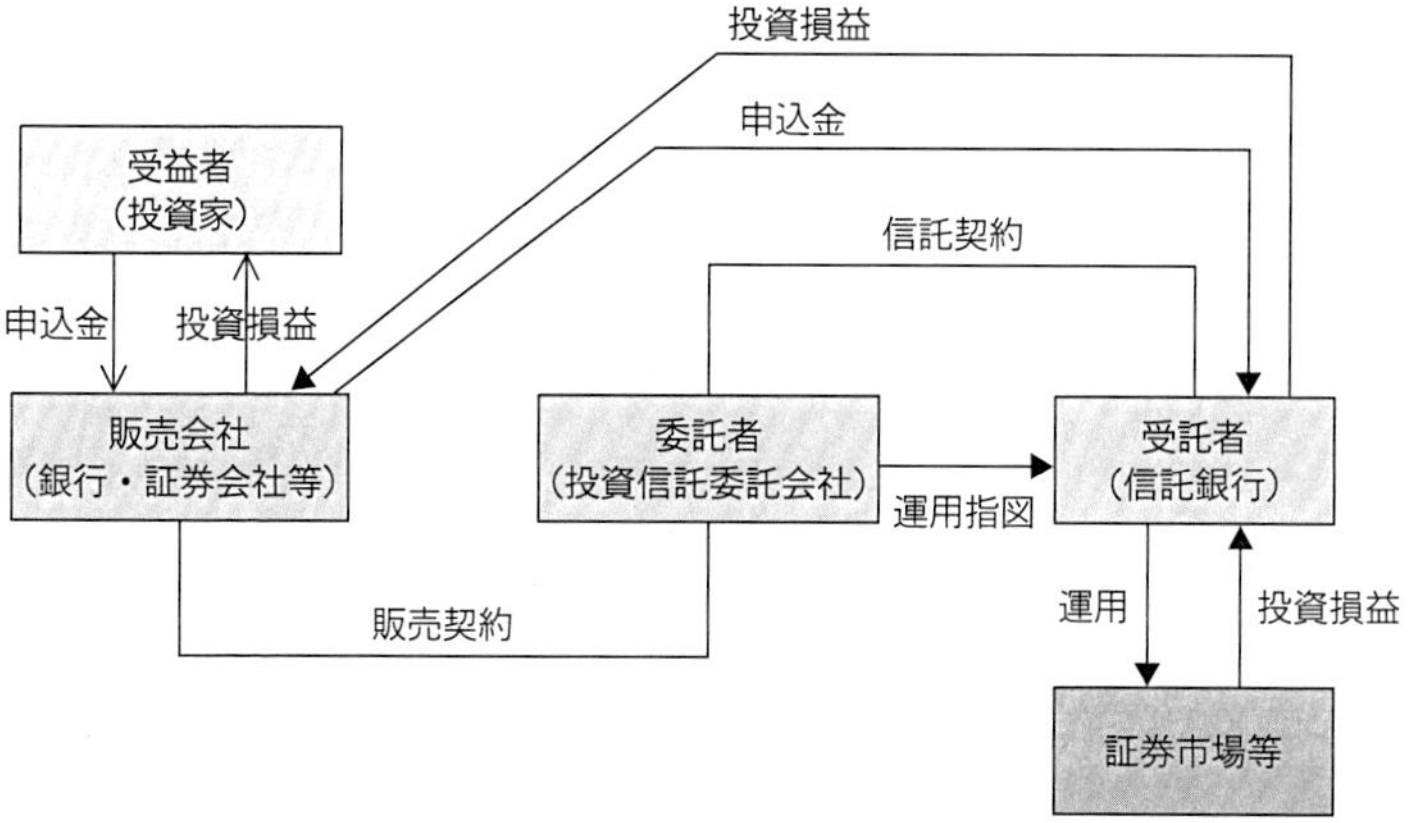


ていても、一般の人々がこの情報を読み取ることができるかは別の問題なのですが。

　この仕組みにおいて一般的にはわが国では信託という制度を用います。信託とは簡単にいえば、「人が財産を、その財産を取り扱う能力の優れた人に託し、その取り扱った結果を本人か、または本人が指示した人が受け取る」という仕組みです。

　財産の名義は財産を託された人の名義となります。なお、信託された財産は信託銀行が保管しますが、分別管理と呼ばれる管理方法により信託銀行が破綻しても保護される仕組みとなっています。

　しかし、この投資信託という金融商品には解決すべき課題もあります。それは運用能力、運用知識のない一般の方々が運用者に運用を委託し、また、販売について能力がない運用者が、販売者に販売を委託することから生まれます。

一般の方々は資産運用の知識がないため、運用の内容は専門家任せとなってしまいます。また、運用者は商品を売ってもらう立場にあるので、販売しやすい商品、販売者に多くの収益が発生する商品をつくることになりがちです。これでは、本来は投資家である一般の方々のために望ましい投資信託をつくる運用者が、その使命を忘れることになります。

そして、その販売者は自分に好都合な商品ばかりを、投資家である一般の方々に売ることになります。本来ならお金を出す投資家が、自分の運用に最適な投資信託商品を手に入れるはずが、販売者に都合の良い商品が販売されることになります。

一般の方々は資産運用についての知識が乏しいので、こうして販売された投資信託の問題点を見抜くことができないため、こうした商品が売れてしまうのです。実際には、事はそれほど簡単ではないのですが、そうした面があることは否定できないのです。

これは企業の経営者と一般の株主、弁護士とその依頼人、医師と患者などの関係において起こる不適切な関係と似ています。専門知識を持たない人が、専門家に物事を依頼する時に起こる問題が投資信託というシステムにもあるのです。

これは経済学的にはエイジェンシー問題と呼ばれることが多く、投資信託制度の課題であるとされています。投資信託には手数料が高いなど批判がありますが、その多くはこの問題が背景にあると思われます。

しかし、だからといって、たとえば医師も弁護士もいなければ、つまり、その分野の専門家がいなければ社会生活は不可能でしょう。投資についても個人が株式投資、債券投資、そして特に海外への投資といったことを行うことは不可能なことです。やはり、医師、弁護士等と同様に、上手に投資信託という専門的な仕組みを活用していくことが必要でしょう。

この投資信託の種類としては、まず、外国籍の投資信託と国内投資信託があります。外国籍の投資信託は、海外の国でつくられた商品が日本で販売されているものです。典型的な商品としては、外貨建てのMMF（マネー・マーケット・ファンド）があります。

これに対して国内投資信託は国内の法律に基づいてつくられた商品です。国内投資信託には公社債投資信託と株式投資信託、そして不動産投資信託と前に少し触れたETFがあります。

公社債投資信託とは、債券に投資を行う投資信託であり、現在の代表的な商品は先述の円建てのMMFです。公社債投資信託は株式には一切投資を行いません。日本がインフレ目標を達成して経済状況が良くなれば金利が上昇しますが、その時、MMFの運用実績は短期金利に連動して上昇します。そこで、その時はこの商品が人気になると思いますが、現在は低金利のため先述の通り販売が停止されています。

投資信託の中で最も商品が多いタイプが株式投資信託です。これには株式だけでなく、国内・外の債券に投資を行う商品も含まれます。ですから、投資対象に注意して商品を見る必要があります。しかし、典型的な商品としては、やはり株式に投資を行う商品です。その投資対象も、国内株式から海外の株式まで幅広くなっています。

また、投資信託には信託期間といって期限があります。かつては5年の期間の商品が多かったようですが、近年では長期投資がいわれるようになったことから、信託期間が無期限の商品が一般的になっているようです。

そして、不動産投資信託、いわゆるリート（リアル・エステート・インベストメント・トラスト・REIT）があります。日本の不動産投資信託はJリートと呼びます。これは会社型投資信託といわれる手法を用いています。通常の投資信託は信託契約を用いるのですが、この投資信託はペーパー・カンパニー、つまり帳簿上だけの会社をつくり、その会社に出資することで運用を行います。

そして、そのペーパー・カンパニーが賃貸用の不動産、たとえば商業ビルや賃貸マンション、物流施設等を保有します。投資家は、その賃貸収益を基にした配当を受け取ることになります。

最後に、前に触れたETFがあります。ETFとは、証券取引所に受益証券が上場されて、普通の株式と同様に売買ができる株価指数などに連動するようにつくられた投資信託です。

これは証券会社等が実際に株式を購入し、それを運用会社に引き渡します。そして、運用会社は信託銀行に管理を依頼する一方で受益証券を発行し、その受益証券が上場されて売買され、投資家が購入することになります。これは現物拠出型と呼ばれるタイプの商品です。これ以外にリンク債型と呼ばれる複雑な手法の商品もあります。ニーサの導入後、このETFは、コストが安価であることから普及し始めていますので、これから重要な投資信託となるでしょう。ただし、ETFは投資信託の特徴である投資の分割性の点で劣ります。一般の投資信託ですと一般的に1千円、1万円からの投資が可能ですが、ETFは最少の投資単位が大きく、一般の方々の積立投資には不便な点があります。

## 2. 投資信託のポイントは3つ

投資信託の仕組みについてその概要を述べましたが、投資信託による資産運用に取り組んでいく場合には3つの着眼点があります。それは、①リスク、すなわち価格変動性、②リターン、すなわち収益性、③コスト、すなわち費用です。

コストから先に説明しますと、前に述べた通り、投資信託には運用管理費用（信託報酬）が、日々、かかります。これは累積すると大きな額となりますが、その額は長期の収益性と比較すると運用収益の少なくない部分を投資の成果から奪うことになります。

ところが、一般の方にはこのコストの重要性があまり認識されていません。また、販売業者もその事実を説明しない傾向にあるのではないかといわれています。株式投資や債券投資の収益性、特に長期的なビルディング・ブロック法による収益性の推計や、ファンダメンタル・リターンの考え方が一般の方々に知られていませんので、こういうことが起こるのかと思います。

ビルディング・ブロック法での収益性の推計では、株式、債券に均等に分散した運用の投資収益は年率7％程度でしょう。それを考えると、年率1％を超える運用管理費用（信託報酬）は大きな影響があるのです。

なお、前に述べた通り、ビルディング・ブロック法は債券、株式について日本の債券と海外の債券、日本の株式と海外の株式と分けて考えるのですが、その差はわずかです。厳密に計算すれば、国内・外の債券、株式に分散投資を行った場合の収益性は、7％よりやや高くなると思われますが、1％の差もないでしょう。

この運用管理費用（信託報酬）は、信託銀行が受け取る部分、運用会社が受け取る部分、および販売会社である銀行、証券会社が受け取る部分に分かれています。そして、わが国の運用管理費用（信託報酬）は世界的にみても高いと考えられています。

米国のモーニングスター社は、2013年5月に世界の投資信託の市場について格付を行い、その結果は、日本は総合評価で8段階の下から3番目の「C」でした。特に、コストの項目で「D＋」とされました。これはタイが「A－」、中国、南アフリカが「B－」ですから、コストの面では新興国の投資信託市場にも劣る状況ということです。そこで、金融庁はつみたてニーサの導入において対象商品の運用管理費用の上限を決め、その結果、インデックス運用型では平均で0・31％、アクティブ運用型では1・03％となっています（2019年7月）。

この状況の原因は、販売者が売りやすい投資信託が、運用者によってつくられているからと思われ、「運用管理費用の販売奨励金化」が起こっていると報道されています。

なお、購入時に一度しか払わない販売手数料についても、短期に売買を繰り返せば大きな負担となります。金融庁は、その監督指針で手数料を稼ぐために、別の投信への乗り換えを勧める回転売買は市場の発展になじまないとしています。販売業者がこうした指摘を受けるようでは、販売手数料についての課題は大きいといえます。

また、ファンド・オブ・ファンズと呼ばれる投資信託は、この運用管理費用（信託報酬）が二重に発生します。ファンド・オブ・ファンズは投資信託の投資対象が株式や債券でなく、投資信託となっている商品です。つまり、複数の投資信託に分散投資を行う投資信託です。これですと、投資対象の投資信託の運用管理費用（信託報酬）に加えてその投資信託の運用管理費用（信託報酬）がかかることになります。したがって、ファンド・オブ・ファンズの投資信託は問題のある商品だという意見の人もいるのです。

しかし、ファンド・オブ・ファンズの商品のすべてが、運用管理費用（信託報酬）が高いというわけではありません。トータルでも、つみたてニーサの対象商品のように運用管理費用（信託報酬）の小さい商品が増えています。

米国の投資信託は規模が大きい場合が一般的です。日本の投資信託の運用管理費用（信託報酬）を引き下げるには、人々がもっと投資信託を購入するようになること、そして、その状況の中で業者間の競争原理が働くことが必要でしょう。また、投資家となる購入者の方々が長期投資の重要性を意識し、ファンダメンタル・リターンやビルディング・ブロック法による収益性の推定方法を理解して、収益性との対比において運用管理費用（信託報酬）の大きさに気が付くことが求められると思います。また、そうした投資教育が行われることが求められていると思います。

第二に、リターン・収益性についてですが、これは基準価額と分配金によって表されます。基準価額は投資信託の運用成績が良ければ上昇し、反対に運用成績が悪ければ下落します。運用成績が良ければ分配金が支払われ、そのため基準価額は下落します。

なお、投資信託の販売において、分配金が支払われた直後は単価が下がったので、多くの投資信託が買えると説明されることがありますが、これはあまり意味のないことであり、不適切です。

また、長期投資の観点からは、無分配型か分配金再投資の仕組みがある商品を活用することが、投資信託を購入する時には重要なポイントになります。

とはいえ、シニアの方についていえば、年金受給者の立場にありますので、分配金収入に魅力を感じる方が多いわけです。そのため、海外債券への投資を対象とする、毎月分配型の商品が人気になっているわけです。

分配金については一般の人々の誤解も多いのですが、その例として、分配金の多い投資信託が運用成績の良い投資信託という考え方です。通常はその理解で問題はないのですが、毎月分配型の商品で、分配金を維持するために元本部分の払い戻しを行う形で、分配金の水準を維持していることがあります。この元本の払い戻し部分については、かつては特別分配金と呼ばれていましたが、現在は前に述べた通り元本払戻金（特別分配金）と呼ばれ、投資家が誤解しないようになっています。

また、これに関しては金融庁が、分配金と値上がり益の合計についての総合的収益性、いわゆるトータルリターンの表示を行うようにする規制を、2014年12月から行っています。

そしてさらに金融庁は、2017年3月に「顧客本位の業務運営に関する原則」を策定し、それを客観的に評価できる成果指標（ＫＰＩ＝キー・パフォーマンス・インディケイター）を公表するよう金融機関に働きかけています。

また、分配金については通貨選択型の投資信託という商品の問題もあります。これは通貨ごとに異なる短期金利の差を利用し、分配金の額を多くする投資信託です。専門的には為替ヘッジといって、外国通貨建ての投資の為替リスクをなくす手法があります。その手法にはコストがかかるのですが、この方法を使って、金利の低い通貨の運用の成果を金利の高い通貨に変換すると、今度はプレミアムといって金利差相当の利益を得ることができ、分配金を大きくすることができるのです。

しかし、これは長期投資には不適切な手法でしょう。前に述べましたように、長期的には為替相場は物価上昇率の差によって決まることが多いとされます。高金利の通貨に変換しても、その通貨の物価上昇率が高ければ、その通貨に対してやがて円高が発生してしまうのです。そして、多くの高金利通貨の国のインフレ率は高いのです。

たとえば、トルコ・リラが高金利通貨といわれますが、２０１８年のトルコのインフレ率は約15％と大変高く、今世紀で最も低かったのは２００９年の６％台であり、最高の年は２００１年の約54％でした。

オーストラリア・ドルも高金利通貨といわれますが、オーストラリアのインフレ率は、

2018年は2%台であり、今世紀に入って最も低かったのは2012年の1%台後半、最高の年は2008年の4%台半ばでした。いずれの国もわが国と比べれば高いインフレ率の国といえます。

為替差益には、長期的には収益性はないというのが、年金基金のような長期の資産運用における考え方ですが、一般の方々のライフプランのための資産運用は、長期投資を考えますので、こうした商品は一般の方々の資産運用には向かない投資信託といえるでしょう。その点の説明がわかりやすく行われていないために、一般の方々には理解できず、高い債券の利率のメリットを長期的に得られると勘違いしているのだと思います。

また、前に述べたビルディング・ブロック法では、金利平価説の考え方をとり、こうした為替のコストやプレミアムは短期金利と相殺されて、国内・外の短期金利に差はないと考えるわけです。通貨選択型の投資信託の為替による部分は、本当に収益性があるとはいえないでしょう。為替リスクは海外の債券、株式に投資を行う時に必要なだけ取ればよいリスクです。この商品のようにあえて積極的に為替リスクを取って、収益を獲得しにいくという姿勢は一般の方々には向いていないと思います。

なお、海外債券投資は、短期的には為替投機に近いといわれるくらいリスクが大きい取引です。そこで海外債券投資に意義をあまり認めない考え方もあります。

そして、第三にリスク・価格変動性について述べますと、前に述べましたように、投資のリスクは投資成果のブレ具合として考えます。投資信託の最大のメリットは、分散投資によってこのリスクを小さくすることができる点です。分散投資がリスクを低減することを理論的に明らかにしたのはハリー・マーコウィッツ氏で、シャープ氏とともに1990年にノーベル経済学賞を受賞しています。

金融資産運用の対象となる債券、株式の収益性は、企業の経済活動の水準によって決まるのであり、何かテクニックを用いて改善することはできないものです。それに対してリスクは分散投資を用いると、ある程度低減できるわけです。

まず、株式であれば、東京証券取引所第一部に上場するすべての企業に分散投資を行うことで、個々の企業の持つリスクをこれらの株式の範囲においてはなくすことができます。そして、ある市場の株式全体に投資した場合のリスクは、前に述べたように市場リスクと呼ばれますが、これは他の資産市場、たとえば債券市場と分散投資を行うことによって小さくすることができるわけです。株式と債券への分散投資、つまり、資産分散、そして国際分散投資が求められるのはこのためです。

現在の投資信託では、国内・外の株式、債券の4資産に分散投資を行うバランスファンドが、リスクの点から考えると収益性が比較的良い投資信託といえると思います。こうした国内・外の債券、株式への分散投資を個人で行うことは困難なことですが、バランスファンド型の投資信託を用いれば誰でも容易に行うことができます。

こうして投資信託は、リスク、リターン、コストの点から検討していくことがポイントになります。そして、その検討は相互に関連しながら行うことも重要です。

## 3. 株式投資信託の積極運用と消極運用

投資信託はリスク、リターン、コストがポイントと述べましたが、ここではそれらの観点から株式投資信託の運用の積極運用・アクティブ運用と消極運用・パッシブ運用について説明します。消極運用・パッシブ運用については、コストが安価で投資結果も比較的良いことは前に述べましたが、その点を詳しく述べたいと思います。

積極運用とは、運用担当者、つまり、投資信託の運用内容を考えて決める人、具体的には投資信託委託会社のファンド・マネージャーが考えた独自の運用方法に従って運用を行う手法です。効率的市場仮説がかなり妥当な説としても、投資家の全員が即座に同じ情報を共有でき、また、常に瞬時に投資の判断を下せるわけではないでしょう。ですから、積極運用で良い成績を得る可能性はあります。また、そうした情報が徐々に価格に織り込まれるのであれば、価格変動にトレンド、1つの流れ、傾向が発生することも考えられます。積極運用による運用が良い結果を生む可能性はやはりあるといえるでしょう。

これに対して消極運用とは前に述べたように市場全体の動きを表す指標・インデックスと同様の運用を目指すものです。日本の株式でいえば、東証株価指数や日経平均株価に連動するような運用をするものです。

効率的市場仮説によれば、あらゆる情報は瞬時に市場に行き渡り、割安や割高の株式、そして金融商品を見つけることはできないとされます。そして、すべての投資家が同じ情報を共有していると考えられます。そう考えると投資家は共通の投資判断を行い、結果として共通のポートフォリオ、分散投資の内容を保有するはずです。そうしないと市場の需要と供給がバランスしないからです。やや難しい話となりましたが、こうしてできたものが前に述べた市場ポートフォリオと呼ばれるものです。

近年はわが国の株式市場が好調に推移しており、証券会社による個人向けの資産運用セミナーも多く開かれ、盛況なようです。報道によれば、そうしたセミナーの参加者からは、「成長が期待できそうな○○関連銘柄を買いたい」等の意見があるようです。しかし、そうした情報は証券市場のアナリストはすでに分析しており、噛み砕かれたやさしい情報としてこうしたセミナーで説明されます。ですから、そうした銘柄はすでに価格が上昇している可能性があります。また、その将来性がどのようなものであるかは大変不確実なものといえます。一般の方々がこうした情報で良い銘柄を発見することはきわめて困難と思います。

要するに現代の株式市場では多くの投資のプロが膨大な時間と労力、経費を使い、調査・研究を行った上で投資を行っており、そうして決まっている株価にはすでにあらゆる情報が織り込まれていて割安な銘柄や将来有望なのに放置されている銘柄などないのではないか、という考え方が効率的市場仮説です。平たくいえば、マーケットを出し抜くような運用はできないということです。そうであれば、ここから市場の動き全体と同じような投資の方が優れているということになったのです。

消極運用の成績の良さは実証データで前に述べましたが、専門的にいえば、積極運用の株式投資信託の収益が市場のインデックスからどれくらいブレるかについては、標準偏差で5%程度といわれています。しかし、積極運用は内容を頻繁に入れ替える売買を行います。このためのコストが3%台半ばとすれば、理論的に計算すればインデクッスを上回る積極運用の株式投資信託の数は全体の4分の1程度しかないと算出されます。

ちなみに、ボーグル氏も消極運用を用いることは、原理的にファンド・マネージャーの能力ランキングで、上から4分の1のファンド・マネージャーを選択したことになると述べています。

このような観点から、銘柄入れ替えの売買手数料などがかかるために費用が高くなる、つまり、運用管理費用（信託報酬）が高くなる投資信託よりも、市場平均の運用成果を目指す投資信託、インデックス・ファンドの方がよいということになります。公的年金運用の運用方針においても「原則として、パッシブ運用とアクティブ運用を併用する」とされており、長期の資産運用では有力な方法です。

この株式投資信託の銘柄入れ替えは、2年半で株式投資信託の銘柄が1回転するといわれています。少額投資非課税制度、ニーサでは、長期投資を目指して株式投資信託が用いられますが、川北英隆京都大学名誉教授は、「投資対象となった投資信託の内部で激しく株式が入れ替えられれば、何のためのニーサなのかわからない」と指摘しています。

米国の統計では、消極運用の投資信託の運用成績は、期間が長くなるほど明確になるといわれています。インデックス・ファンドより運用成績が悪かった積極運用の投資信託の割合は、期間が1年では48％ですが、5年になると68％、10年では79％にもなるというデータがあります。長期投資では、市場平均に打ち勝てる積極運用の投資信託の数は少ないわけであり、長期投資では消極運用を用いた方がよいことになります。

ともあれ、消極運用とはいいますが、市場の情報処理の状況がよいという株式市場の実情を背景に投資理論から合理的に考えて、いわば意図的に消極運用を行うということです。積極運用でいろいろとやってみてだめだったので行うというのではないのです。その意味では消極運用という翻訳もよくないといえるでしょう。意図的にインデックスに追随するのですから、市場フォロー運用と呼んだ方がよいのではないでしょうか。究極のインデックス・ファンドは前に述べた市場ポートフォリオをフォローするものだからです。最近では積立投資信託を行う人の間で、この消極運用の投資信託がよく用いられるようになってきました。わが国でもようやく消極運用のメリットが理解されるようになったのではないかと思います。

しかし、実際には積極運用の投資信託は人気があります。また、前に述べた通り、公的年金のような長期運用の専門家も積極運用を併用します。それは積極運用でもインデックスに勝つ可能性もあるからです。つまり、市場が間違える場合があるのです。

米国の元FRB議長のアラン・グリーンスパン氏は、バブルは崩壊するまでバブルとわからないという趣旨の発言をしたとされます。適正な株価かどうかについてなかなかわからないこともあるのです。

しかし、時間が経てばバブルも解消するように長期的には市場は効率的であり、市場平均に打ち勝つような運用は難しいのではと考えられますので、長期投資には市場全体をフォローするこの考え方が有力ということになります。

バブルは本当にわからないのか、とよくいわれますが、これは本当に判断が難しいものです。日本を平成の大不況に導くことになった1980年代後半のバブルは、それが進んでいる間はほとんど国内では話題になることはありませんでした。

日本の銀行は不動産関連融資に多額の貸出金をつぎ込みましたが、そうした貸出姿勢は米国の格付会社から疑問視され、説明を求められていました。しかし、日本の銀行はそれを問題ないとしました。それほどに日本全体が熱狂の中にあったのです。

一方、シラー氏は、バブルかどうかは判断できるという立場を取ります。実際、シラー氏は2000年頃のITバブルもリーマン・ショックの前の住宅バブルについても警鐘を鳴らしていました。

シラー氏は株価収益率の計算において、過去10年の利益をベースに株価収益率・PERを算出し、この計算方法により算出されたPERが25倍を超えればバブルであるとしているそうです。そして、それはITバブルとリーマン・ショック後の異常値の時だけでしたが、現在も25倍を超えています（2019年7月時点）。つまり、現在の米国の株価は割高だということになります。こうした意見を持つシラー氏は、効率的市場仮説については否定的です。市場は間違えるという立場といえます。前に述べたように、短期投資では積極運用の投資信託の方が運用成績が良いのは、短期的に市場は間違えるが長期的には間違えないということでしょう。

日本経済新聞でバブルという言葉が多く使われるようになったのは、1990年1月に株

図表４－２　日本経済新聞に現れたバブル関連記事の数

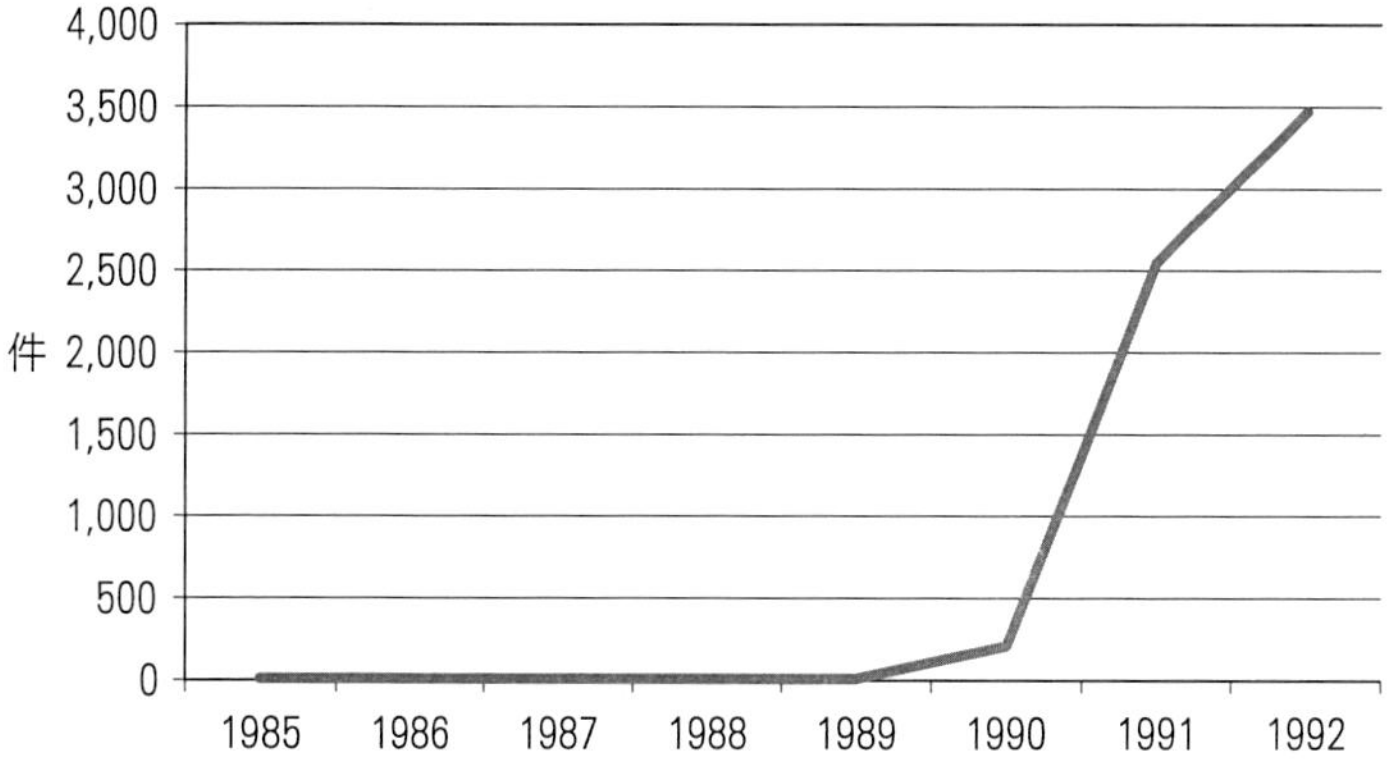


資料：野口悠紀雄『バブルの経済学』日本経済新聞出版社，1992年。

価の下落が始まってから1年経った1991年以降であり、バブルが起こっていた時は少数の人を除き、そうは思わなかったのです。

株価が下落を始めた1990年1月から約1年間、人々は1980年代後半がバブルであったことに気がつかなかったのです。今ではバブルという言葉は誰でも知っている言葉ですが、1980年代にこの言葉を知っていた日本人は少なかったといってよいと思います。

当時、社会的に問題となっていたのは土地の値上がりでした。サラリーマンの年収の5倍がマイホームの価格の上限といわれていましたが、土地全般の価格上昇で住宅地の価格も高くなり、社会問題化しました。

そこで、政府は不動産融資規制を行い、これがバブル崩壊の決定的なきっかけとなり、日本銀行がさらに金融引き締めを継続したことでバブル崩壊の流れが決まったといわれています。そして、当時のマスメディア、そして国民もこうした政策を肯定的に評価したのです。前に述べたように多くの国民にとってバブル崩壊は他人事であって、1990年代前半ではバブル崩壊における影響の大きさが理解されていなかったのです。

バブル経済の頃、証券関係者に対して海外の投資家から日本の株価について疑問が示されていましたが、日本の証券アナリストはさまざまな理由をつけて、そうした疑問に対して問題がないという態度を取っていました。その典型がQレシオという実質株価純資産倍率です。主として土地の含み益を純資産に算入すれば、当時の株価は高くないとする考え方は、現状を正当化するための理論でした。株価純資産倍率・PBR（プライス・ブックバリュー・レシオ）とは、一株当たりの純資産の何倍の株価となっているかを見る指標ですが、それに簿価に反映されない含み益を加算したわけです。

積極運用の投資信託の運用成績は、インデックス・ファンドという消極運用の投資信託に比べて運用成績が芳しくありません。しかし、こうした積極運用の投資信託の運用担当者が市場の状況を分析・調査してくれるからこそ、市場の情報処理は効率的となりインデックス・ファンドは存在できることも事実です。

つまり、インデックス・ファンドはみずから銘柄の選択をしないので、仮に大多数の人がインデックス・ファンドで運用すれば、市場で個々の株式の銘柄分析をする人は少なくなります。そうすると市場の情報分析力は落ちてきて効率性が悪化します。

インデックス・ファンドは積極運用の運用者の情報分析力にいわば、ただ乗りしているといえるわけであり、銘柄選びを行う投資家がいなくなれば、インデックス・ファンドはその前提が崩れて存在できないのです。市場フォロー運用ですから、市場、マーケットが機能しなくなればそれをフォローしてもよい運用成績は得られないわけです。

では、実際にどうなることが予想されるかといえば、前に少し触れたように、消極運用の立場が減っていけば、消極運用の運用成績が良くなり、消極運用が増えれば消極運用の運用成績が悪化し、その中間でバランスするところに落ち着くといわれています。

しかし、長期投資を行う投資家にとり、費用の問題は大きな問題です。そこで積極運用の投資信託の手数料負担を軽くする意味で、消極運用のインデックス・ファンドの活用が重要になるわけです。

なお、積極運用を行う投資信託ではファンド・マネージャーが交代したり、辞職した場合どうなるのかという問題があります。ファンド・マネージャーの分析力に頼って投資していた投資信託ですから、そのファンド・マネージャーが交代したらこれは大きなことのように見えます。

しかし、ファンド・マネージャーについては、1人で運用する場合とチームで運用する場合があり、チーム運用の場合はチーム全体が転職するようなことがない限り問題はありません。

そして、実は1人のファンド・マネージャーが運用をする場合でも、その人1人の個人的裁量で運用をしていることはないといわれ、個別の企業を調べる調査担当者、そして経済や市場全体の動向を分析する人々の協力を得て仕事をしているのが実情のようです。

なお、米国ではファンド・マネージャーのピーター・リンチ氏が、マゼラン・ファンドという有名な投資信託を運用して長期間にわたり、良い運用成績を残しました。この人が引退する時は、多くの人から感謝の手紙が寄せられたといわれますので、そうした例外的な場合には問題は小さくないでしょう。この人は、次に述べる成長株投資という投資手法で有名な人です。

## 4．成長株投資か割安株投資か

株式投資信託の積極運用と消極運用について述べてきましたが、積極運用の株式投資にはその企業が成長するだろうと思われる銘柄に投資をする成長株投資・グロース株投資と、今は割安と思われる銘柄に投資をする割安株投資・バリュー株投資があります。こうしたことがいわれるようになったのは、1990年代半ばになってからといわれます。この考え方自体は1930年代からありますが、1990年代からこれらの積極運用が消極運用より良い成績を挙げることから、重要なテーマとされるようになったといわれます。

成長株投資とは、現在から将来にかけて市場平均を上回る高い成長をする企業が存在すると考え、そうした銘柄を探して投資を行う判断重視型のアプローチです。この成長株投資とはその銘柄の現在の株価は適正であって割安、割高なものではないとし、将来の企業利益の成長に伴い株価が上昇していくことを期待するものです。

成長株はその純資産や利益からみて株価水準が高く、資本効率の良い会社です。つまり、市場の平均より収益率が高く、成長の可能性が高いと思われる銘柄です。この成長の可能性の判断は利益予想に基づいているために、データの根拠と客観性が薄弱になる傾向があるとされます。

一方、割安株投資とは、その企業の株価はその企業の価値に比べて現在は割安であると考え、その割安な状態は将来解消されると考えて投資を行うものです。将来を主観的に予測することは少ないとされ、この点が成長株投資と異なります。

この割安さを判断する専門的な指標としては、客観的なデータである株価純資産倍率・PBRと株価収益率・PERが有名です。株価純資産倍率とは、前に述べた通り、一株当たりの純資産額の何倍の株価となっているかを見るものです。そして、前に触れた自己資本利益率・ROE等の指標を用いて、投資対象の株式の選別を行うのが積極運用の株式投資信託の運用者の仕事です。

なお、成長株投資と割安株投資は大きく異なる運用手法ですが、これらを相互補完的に併用する考え方もあります。成長性が高く、株価が割安な銘柄に投資を行う手法です。割安株投資の実際はROEに着目します。ROEが、株式投資の真の収益性を決めるファンダメンタル・リターンの根源であるかぎり、成長株投資も割安株投資もこの原則から外れることはないのです。

また、割安株投資が成功するための条件としては株価収益率が20倍以下であり、長期金利に対して株価が十分魅力的な収益性を持つまで低下していることがあるといわれます。東京証券取引所第1部上場株式の平均PERは13倍程度（2019年8月時点）であり、わが国は他の先進国と同様に、現在では概ねこうした水準にあって割安株投資が成功する条件を持っているとされます。

特に割安株への投資は、積極運用の中では比較的良い運用成果をあげることが知られています。これはバリュー株効果も呼ばれています。青山学院大学教授を務めた井手正介氏は、インデックス・ファンドは市場にある「玉」も「石」も機械的に組み入れたファンドだと述べています。そして、玉と石の区別なく短期の株価変動にかける積極運用を「敗者のゲーム」、玉と石をパッケージで持つインデックス運用を「引き分けゲーム」と呼び、「玉だけを注意深く選んで投資するバリュー株投資はまさに『勝者のゲーム』なのだ」と述べ、その優秀さを強調しています。

こうした成長株投資や割安株投資の手法の違いは運用スタイルと呼ばれます。これらは、それぞれ価格変動の仕方が異なることが知られています。成長株は全般に、株価が軟調で投資家が慎重な時に下落幅が小さく、一方、割安株は全般的に株価が上昇し、株式市場が活況を呈し、投資家が意欲的な時に上昇幅が大きいとされます。

事実、1980年代後半のバブルの時代に株価が急激に上昇したのは割安株であり、成長株はさほど上昇することもなく、逆に1990年代のバブル崩壊期で割安株が大幅に値下がりしても成長株は値下がりが少なかったのです。こうしてある時期は割安株投資の結果が良く、ある時期は成長株投資の結果が良いことから、時期によって運用スタイルを変える手法もあり、これをスタイル・ローテーションと呼びます。

また、この運用スタイルの問題より、投資対象が時価総額の大きい大型株か、時価総額の小さい小型株かというサイズの問題の方が収益性や価格変動性に与える影響が大きいとされています。前に述べたように、小型株はよく投資のスパイスといわれるわけですが、リスクもリターンも高い投資といわれています。

個別株式の投資は大変難しいものですが、成長株投資、割安株投資の基本も知ることなく、安易な銘柄選びをされる方も少なくないようです。個別株投資を行うのであれば、少なくともROE、PER、PBRについての知識は持つことが求められると思います。そのためには簿記、会計の最低限度の知識が必要となります。

前に紹介したグレアムは、株式投資について、「投資というのは十分な分析に基づいてなされるべきものであり、それは元本の安全性と相応の利益を約束するものである。この条件を満たさない証券の売買は、投機に過ぎない」と述べたといわれています。

アマチュアでもプロに勝てる株式投資が可能とする立場をとるリンチ氏も、「株を買いたいと思っても、その企業の財務状況を理解せずに買ってはならない。株で一番損するのは、バランスシートがお粗末な企業に投資をするときだ」と述べています。直観的な銘柄選びは避けるべきです。こうした個別株式への投資については後でもう一度触れますが、一般の方は、やはり投資信託商品を活用する方が堅実といえます。

## 5．バランスファンドの特徴

投資信託について説明してきましたが、分散投資を特徴とする投資信託において、その分散投資が最も広く行われる商品としてバランスファンドがあり、国内・外の債券、株式に幅広く分散投資を行う投資信託です。バランスファンドについては何度も触れてきましたが、ここであらためて説明したいと思います。

このバランスファンドは世界の株式、債券等を対象に分散投資を行うものと、国内の債券、株式を中心としつつ海外の債券、株式等にも投資を行うものに分かれます。かつては、バランスファンドというと国内の債券と株式に投資をするタイプが多かったのですが、現在では国内・外の株式、債券に投資を行うグローバル運用のタイプが主となっています。その場合はインデックス運用を用いている商品が多いようです。

世界の金融資産に投資を行う完全世界分散投資タイプの典型的なものは、その資産の配分は、世界の債券市場、株式市場の時価総額を参考に運用を行います。現代ポートフォリオ理論における市場ポートフォリオの考え方に基づいて世界の債券市場、株式市場のあるがままの状態に沿って分散投資を行うことで効率の良い運用を目指すのです。

ただし、この完全世界分散投資型のバランスファンドは、現状では海外の株式、債券市場の規模が大きいことから、海外への投資が大半となり為替変動リスクが大きくなります。ですから、完全世界分散型バランスファンドは、海外の株式、債券に対する投資に近く、前に述べたグローバル市場ポートフォリオに近いものといえます。

そこで、多くのバランスファンドは日本債券、日本株式、海外債券、海外株式の４つの資産に分けて、それらのアセット・アロケーション、すなわち資産配分についてさまざまな観点から計算して決定しています。公的年金の運用においてもこの手法が用いられていることは、前に述べた通りです。

ともあれ、このバランスファンドの特徴としては分散投資の効果が発揮され、それぞれ個別ではリスクの高い資産に投資をしつつ、全体ではリスクを低減させた運用ができるということです。一般の方々にとっては取り組みやすい運用商品といえます。

ただし、欠点としては、前に触れた通り、そのコスト、つまり運用管理費用（信託報酬）が高い場合が多いことです。海外の株式、債券に投資をするとなるとどうしても手数料は高くなりがちです。

しかし、この欠点も最近では改善される傾向も見え、運用管理費用（信託報酬）が年率１％未満の商品も販売されています。とはいえ、国内・外の債券、株式に均等に分散投資を行うバランスファンドの２０１９年8月時点での過去10年の運用実績は平均では年率５％程度でしたので、平均で約１・２％程度の運用管理費用（信託報酬）の影響はきわめて大きいと思います。

しかし、それでもこの過去10年間の５％程度の収益性には価値があります。シャープ・レシオというリスクを表す標準偏差を分母、年率収益から銀行の定期預金金利のような無リスク金利と呼ばれる金利を引いた値を分子とする指標でみれば約0・6となります。これはリスクと収益を考慮した値で大きい方が優れているとされます。

これに対し、日本株式に投資をした投資信託の過去10年の年率収益は約7％ですが、標準偏差は約17％でした。これからシャープ・レシオは0・4程度となります。つまり、バランスファンドはリスクとリターンの効率が良いのです。日本株投資は高いリターンを得ましたが、その裏には大きなリスクが潜んでいたのです。

いくらリスクがあっても収益を追求したいというのなら日本株式に投資をすることになりますが、一般の方々はそうした行動は取れないと思います。ここにバランスファンドの堅実さが現れているのです。

そして、過去10年で年率5％程度の収益性は、1年定期預金の金利が0・1％程度で推移したことを考えると、筆者のいう1年定期預金金利プラス2％の収益性の2倍以上になるわけです。デフレから脱却し、年率2％のインフレ目標が達成され、実質経済成長率も上昇した後には短期金利は上昇し、1年定期預金金利は4％程度となり、こうしたバランスファンドの平均的な収益性は年率6％程度となると思います。

また、バランスファンドはリバランスも行ってくれます。前に述べた通り、リバランスとは資産配分が運用期間の経過とともに当初の配分と変わってきたら元に戻すことです。そのため、一度購入すればそのまま保有しているだけで分散投資のメンテナンスも行ってくれる商品です。価格変動性では株式ファンドより小さく、収益性の点では債券ファンドより優れているこのファンドはライフプランのための堅実な資産運用の要となる商品です。

しかし、バランスファンドには欠点もあります。それは、バランスファンドはレディーメイドの典型であり、その資産配分にも商品ごとに一定の傾向がある場合もあるからです。たとえば海外債券の割合を多めにしているファンドや、成長志向で株式投資が多いものもあります。

実際の運用においてはこうした面を修正するべく個別のファンドを組み合わせていくことも必要かもしれません。たとえばシニアの方々には、国内債券ファンドを組み合わせるということも大切でしょう。国内・外の債券、株式の4資産に均等投資を行うバランスファンドに、国内債券ファンドをバランスファンドの10分の1の金額だけ投資すれば、概ね公的年金の資産運用の内容を実現することができます。前に述べた公的年金の分散投資はこうして簡単にコピーできるのです。

そして、このバランスファンドと定期預金の割合を変えていけば、さまざまなリスク水準の運用ができます。4資産均等投資のバランスファンドの標準偏差は10％程度ですので、銀行の定期預金と4資産均等投資のバランスファンドを同額で組み合わせれば、全体の標準偏差は半分の5％程度になります。

シャープ・レシオで見たようにバランスファンドはコストの点に注意すれば、一般に価格変動性のわりに収益性が優れており、ライフプランのための資産運用には適切な投資信託ではないかと思います。

グレアムは、「株式投資の割合は最低で25％、最高で75％、債券投資の割合は75％から25％とすべきである」と述べたといわれていますが、バランスファンドはこうした意見に沿う商品でしょう。

# 第5章

# 堅実な資産運用の実践のために

## 1. アフターフォローとは

第4章では投資信託商品の説明から最後はバランスファンドの特徴について述べましたが、投資信託は長期間保有することが原則となる商品です。そしてその販売にはアフターフォローといわれる投資信託の販売において行われていることがあります。

このアフターフォローとは銀行、証券会社の販売担当者が投資商品を販売した後、その後の経過をフォローしていくことをいいます。これは資産運用商品は個人の状況の変化や、市場の変化に応じた対応が必要だからであり、金融庁もこのアフターフォローを顧客保護等管理態勢の1つとして監督しています。

投資と貯蓄は異なります。投資は価格変動があるので投資商品は購入する時の不安よりも、購入した後の不安の方が多くなるといわれます。そうした不安への対処が販売業者に求められているのです。

アフターフォローに似た言葉としてはアフターサービスがあります。電気製品でも量販店より町の電気屋さんで買う方も少なくないといわれます。それは購入価格よりも、不具合や故障があった場合の対応が良いからでしょう。そのため、家電量販店も最近はアフターサービスを強調するようになっています。投資信託もこうしたサービスが必要な商品です。生命保険商品も近年ではアフターフォローを強調するテレビCMが行われるようになりましたが、金融商品は本質的に現在と将来という時間の要素を含んでいますので、購入して終わりという商品ではないのです。

投資信託についてどのようなアフターフォローが行われるかといえば、まず、四半期ごとに投資家へは保有している投資信託の基準価額や、トータルリターンの連絡として運用報告書が送付されています。

しかし、重要なアフターフォローとしては、分散投資を行った場合のリバランスやアセット・アロケーション、すなわち資産配分の割合の変更についてではないでしょうか。

リバランスは結果として価格が上昇している資産を売り、価格が低下している資産を購入することになります。その部分だけを見ればいわゆる逆張り投資を行っているように見えますが目的が異なり、全体としての分散投資の割合を守ることに意味があります。このリバランスは年に一度で十分であり、それ以上行うと手数料の負担が問題となってくるでしょう。

リバランスには定時リバランスと呼ばれて、一定期間経過すれば価格変動幅に関係なく元の割合に戻すものと、一定の許容限度を越えた変動が起こればその時に元の割合に戻す定額リバランスがあります。

いずれにしても、タイミング、つまりマーケットの動向を考えて資産の入れ替えをするも

図表5－1　リバランスのリターン・リスクへの効果

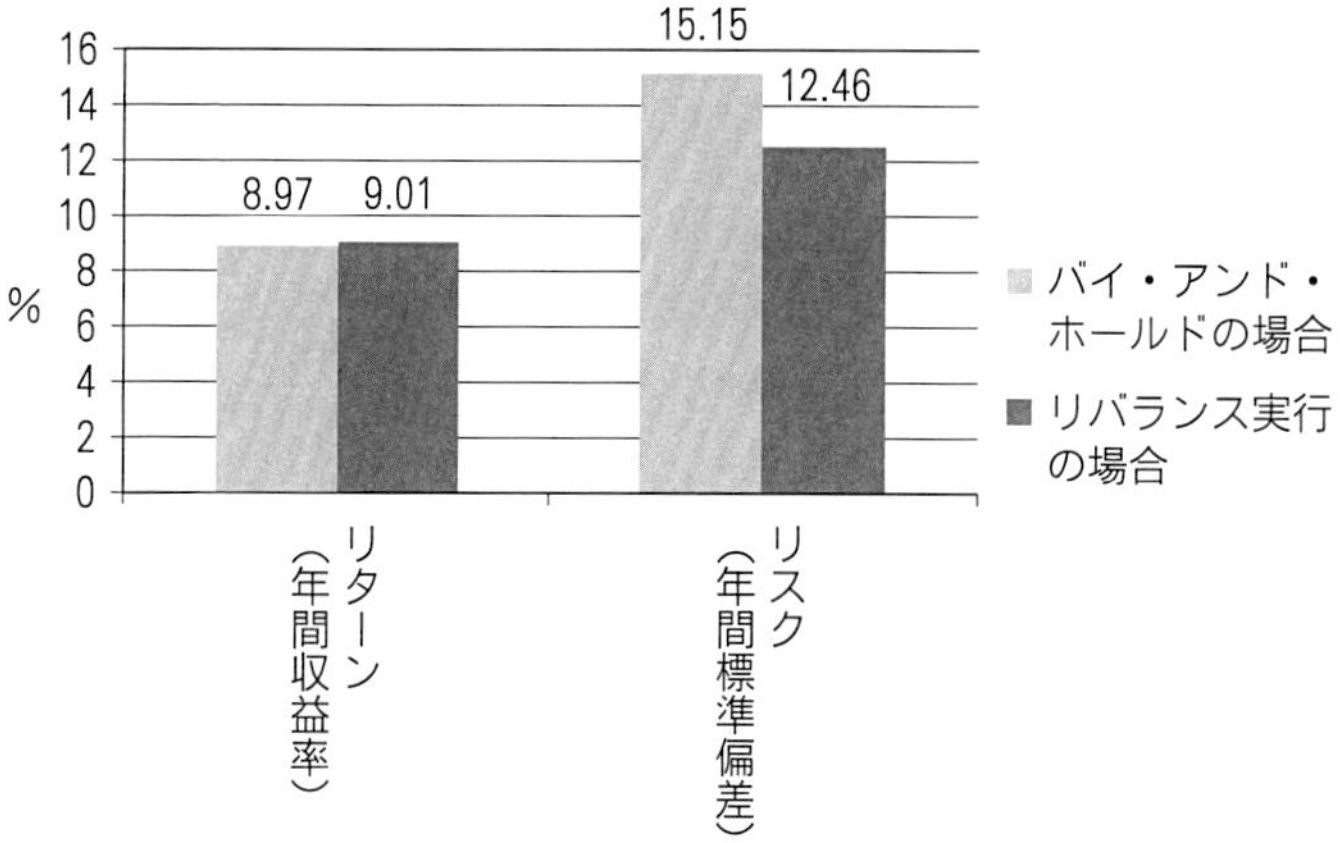


（注）株式：債券：短期金融資産の割合は，6：3：1。リバランスは3カ月ごとに実行。計測期間は1969年12月～1999年6月。
資料：竹崎竜二『かしこく殖やす資産運用』日本経済新聞出版社，2000年。

のではなく、マーケットの短期的な影響を少なくしていくものといえます。

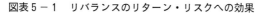

このリバランスは価格の高い資産を売って価格の低い資産を購入するために、収益性が高い行動のように思われます。しかし、国際分散投資が行われたポートフォリオを想定してリバランスの効果を試算すると、リバランスを行わない場合と比べてもリターンの面ではあまり効果はなく、リスクの点では標準偏差を約2割減少させたという報告もあります。

つまり、リバランスはリスク低減の方策と考える方が適切です。もっとも、リバランスについては、個人の場合は最初の分散投資の内容が年金基金の基本ポートフォリオのように、厳密に計算されたものではないことが多いため難しいかもしれません。したがって、あまり神経質になる必要はないともいえます。

一方、アセット・アロケーションの変更とは国内・外の債券、株式の基本的な資産配分の内容を変更するものです。このアセット・アロケーションの見直しには、金融市場の状況に応じて見直すタクティカル・アセット・アロケーション、すなわち戦術的資産配分と、ダイナミック・アセット・アロケーション、すなわち動的資産配分と呼ばれて、資産の価格変動に応じて投資家のリスクの取り方を変える方法があります。この辺りはやや細かい話となりますので、読み飛ばしていただいても結構です。

たとえば分散投資の対象の資産のうち、ある資産の価格が上昇したとしましょう。ここでタクティカル・アセット・アロケーションなら、これは割高ではないかと考えて、その資産の投資割合を減らします。しかし、ダイナミック・アセット・アロケーションでは値上がりしている資産に、いわば順ばり投資をして投資割合を増やすのです。

タクティカル・アセット・アロケーションは、市場は効率的市場仮説のいうような状況ではなく、非効率で一時的な歪みがあると考えています。そして、これを行うには市場の状況を絶えず観察していなければならないことになります。いわゆるマーケット情報を重視することになりますが、一般の方々はマーケット情報に詳しくはないので、この点でこの手法は難があります。

一方、ダイナミック・アセット・アロケーションは、実はその資産のさらなる値上がりを期待しているのではなく、その資産の価格上昇によって投資家の保有する金融資産の額が増えてリスク許容度が増大したために、リスキーな資産を多く取り入れようという考え方を取った結果です。

逆にその資産の価格が下がれば、投資家のリスク許容度も低下したのでその資産への配分を減らすことになります。単純な方法ですがこの資産配分の手法は値上がりの成果は大きく、また値下がりの時はポートフォリオ全体への影響を小さくできる方法といえます。

ダイナミック・アセット・アロケーションは決してその資産価格がさらに上昇するだろうという予測に基づいているのではなく、また、値下がりして売る場合もその資産がさらに値下がりするだろうと考えているわけではない点です。つまりマーケットについてはまったく見ていないということです。あくまで、資産価格の変動と投資家のリスク許容度の関係のみを見ているといるのです。

一般の方々には、特にその資産の価格が下落した時に、その資産への投資を減らすという点が受け入れやすいと思います。価格下落によって保有している資産が減少したので、リスク資産の割合を減らすという考え方です。

ダイナミック・アセット・アロケーションのもう1つの方法としては、いわば逆張り戦略ともいうべき方法、つまり、値上がりした資産を売り、値下がりした資産を買うという方法があります。

これは、値上がりした資産がやがて下落すると考えるのではなく、それはあるべき値上がり、当然な値上がりと理解した上で、そのリスク資産が投資家にとって想定以上の過大な割合、過大なリスクテイクになっていると考えて売却するわけです。

逆に値下がりしている資産を購入する時もやがて値上がりするだろうと考えるのではなく、その価格はあるべき価格と考えて、そのリスク資産の量を考えるとさらに買い入れることができると考えるものです。

いろいろと述べましたが、一般の方々であればタクティカル・アセット・アロケーションは避け、このダイナミック・アセット・アロケーションのうち、凸戦略とも呼ばれる値上がりした資産を買い、値下がりした資産を売る手法を用いてはと思います。これは値下がりに強い運用手法といえます。前に述べたポートフォリオ・インシュアランスはこの手法の1つです。

この凸戦略の順張り投資だと話はあまりに単純に思え、ただ、マーケットの流れを追いかけるだけのようにも思えます。しかし、この方法は、マーケットは常に効率的市場仮説が考えるように、割高、割安な銘柄が存在するという状況にはないと考えており、また、将来の予想に頼るものでもありません。

トレンドを追いかけているわけではなく、あくまでリスク資産の金額が上昇し、手持ちの保有資産の金額が上昇したので、その点を考えてそのリスク資産の保有を増やすわけです。逆に値下がりすれば、保有資産の額が減ったわけですからリスク資産の額を圧縮するわけであり、前に述べたように受け身の運用手法なのです。

このようなアセット・アロケーションの変更について販売担当者の意見をもらうことは大切でしょうが、避けたいことは短期間に売買を繰り返すことであり、少なくとも年単位での対応を考え、販売担当者とのアフターフォローのコミュニケーションも適切な間隔を保つべきと考えます。なお、前に触れたように金融機関が投資信託等を短期に売買をするように、顧客に勧誘することは回転売買と呼ばれ、金融庁によって顧客保護の観点から行わないように監督・指導されています。というのは、投資信託は長期保有が原則の商品ですが、実際は、平均で3・4年程度で売却されており（2018年時点）、やや保有期間が長期化しているとはいえ、理想と現実の差が大きい商品なのです。

また、こうした金融市場の変化だけでなく投資家の実情の変化も大切ですので、ファイナンシャル・プランニングについてのアフターフォローも受けておく必要があるでしょう。年齢とともに保有資産の取り崩しを行っていれば保有資産も減少し、当然ですがリスク許容度、つまりリスクを引き受けることのできる能力は下がります。その場合は株式、債券で運用する金額を少なくしていかなければなりません。繰り返しますが、インフレのある状態では、公的年金はマクロ経済スライドにより実質的に減額となり、企業年金も目減りしていくので引退直後と引退後10年が経過した時とでは経済状況はかなり異なります。

ちなみに、米国のバンガード・グループの投資助言では60歳代では株式4対債券6を勧めますが、80歳近くになれば株式2対債券8とするといわれています。資産運用は投資信託を買って終わりというわけではないのです。

なお、投資の終わり方も大変重要です。前に述べたターゲット・イヤー運用では、投資終了のかなり前から国内債券の割合を増やしていくのですが、そうした投資の内容をリスクの小さいものへと変更しながら、解約も積立とは逆に細かく分割して解約していくことが大切です。こうしたことについて適切なアフターフォローを受けながら資産運用に取り組んでいくことが大切です。

## 2. 株価水準の判断

アフターフォローの1つには市場の状況についての情報があります。2013年以降、日本の株価が上昇し、もうこの水準では国内株式ファンドは買えないと考える方も多いと思います。確かに2013年のような上昇は、シニアの方ならご存知の1972年の日本列島改造論が発表された時まで遡らないとないのです。確率的には非常に小さい出来事であったわけです。

株価の水準を判断することは大変難しいことです。2007年までの米国の住宅バブルに間接的に支えられたわが国の株価上昇の時も、一般的には株価水準が高過ぎるとはいわれませんでした。当時は小泉政権の構造改革の成果といわれ、株価が高過ぎるなどといえば弱気な見方であるとされたこともあります。

株価水準の1つの見方としては前に述べた株価収益率・PERがあります。ファンダメンタル分析の立場では、投資の尺度としては株価水準そのものではなく、株価と企業利益との対比で見る株価収益率・PERを用いるべきとされます。

株価収益率・PERは、配当割引モデルを用いてあるべき株価収益率を考えることができ、その要因は配当性向、割引率、そして配当金成長率の3つがあります。あるべきPERとは、配当性向を割引率から配当金成長率を引いた値で割ったものとなります。ここでは詳しい説明は割愛しますが、ファンダメンタル分析の立場からはこうした考えで株価水準の判定を行います。

図表５－２　米国の株価収益率と株式投資の収益性（1926年～2009年）

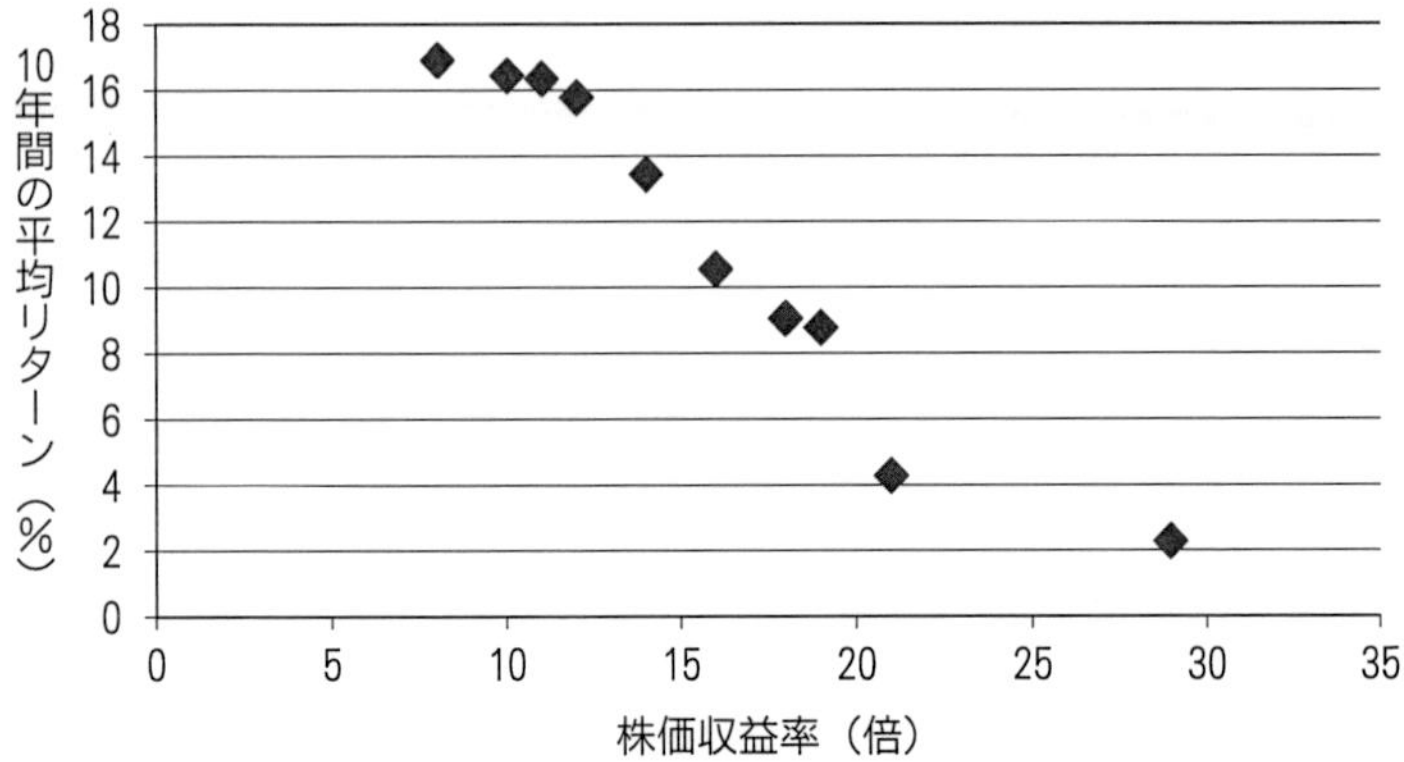


資料：バートン・マルキール著，井手正介訳『ウォール街のランダム・ウォーカー』日本経済新聞出版社，2011年。

米国の研究では株価収益率が高い時期に行った株式投資の収益性は低く、株価収益率が低い時に行った収益性は高いというデータがあります。それを参考にすれば株価収益率が15倍以下は株価水準としては低く、20倍以上は高いと考えることができるでしょう。日本の株式市場における売買の大半は外国人投資家であり、米国のこの数値は参考となるでしょう。しかし、配当性向や金利水準が違えば同じＰＥＲの判断基準は適用できないわけであり、絶対的な基準とはいえないと思います。

リンチ氏は、「私にとっては、景気後退の最中の下落相場よりも、多くの銘柄が毎日のように新高値を更新する割高な相場のほうが憂鬱なのだ」と述べて株式相場の上昇時の問題性を指摘しています。そして、株価収益率・ＰＥＲが15倍を超えた場合には危険地帯にあるとして株式を購入してはならないと述べています。一方、株価収益率が高くても利益率が高ければ、また、その高い利益率が維持できる可能性があればそうした株式は投資対象であるとも述べています。株価水準の判断は大変難しいといえます。

なお、1990年のバブル崩壊以降の日本株の低迷は、世界の株式市場の歴史でも非常に珍しい現象であることは理解しておく必要があります。米国の1929年の大恐慌による株価の回復には25年かかりましたが、配当金込のベースでは約15年で回復しています。それを考えればわが国のバブル崩壊は世界の株式市場で例を見ない異常な事態といえます。その原因の1つは、バブル経済当時の株価があまりに高すぎたからであり、その当時の株価収益率は60倍から70倍というものでした。しかし、同じ時期の米国の株式のPERは概ね10倍から15倍で推移していました。

現在のわが国の株価の水準は、企業利益からみれば今世紀に入って、先進諸国と比較しても概ね同様の水準になったのであり、バブル経済時代の株価が異常な高値であったといえます。すなわち前に述べた評価リターンが高すぎたということです。

むろん、株価水準の判断はそう簡単なものではないわけですが、この株価水準の判断と関連して投資の開始時期を分散し、積立投資を考えます。つまり、株価が高値圏にあると考えるのなら、投資の開始時期が分散される積立投信で対応することは、効果的な投資手法であると思います。

リンチ氏は、「いろいろ勉強してタイミングよく投資しようとする（つまり、自信があるときに株式を買い、不安なときにこれを売る）人よりも、景気のことなど気にもとめず、相場の状況にも無頓着で、とにかく一定の間隔をおいて機械的に投資を実行する人のほうが好成績を収めるものだ」と述べています。

また、日本の株価が高いと考えるのであれば、日本株への投資でなく分散投資で国内・外の債券や海外の株式への分散投資を考えればよいと思います。

日本銀行の金融緩和政策による株価の上昇で、巨額の収益を上げた個人投資家の方もいますが、そうした方の投資は日本株のある特定の業種に集中投資を行った結果である場合が多いようです。一般の方々はそうした集中投資に取り組むべきではないのです。

短期の株式トレーディングとか為替トレーディングで収益を得ることは、並大抵のことではないのでしょう。株価の相場観を持ち出される方は、無意識に短期売買、つまり価格が上昇したら利益確定売り、価格が下落したら損失確定売りといった投資姿勢をもたれていたり、個別の株式や為替といったひとつの資産に着目されていたりする場合が多いものです。

少額から投資ができる投資信託は、多くの資産に分散し、かつ、積立方式の購入が可能となっています。時間的な分散ができ、一時期にまとまったお金を投資しなくてもよいわけで、この小口の投資が可能であることは投資信託というシステムの大きな特徴です。

その点を活かし、株価の水準が高いと判断するのであれば、株式以外の資産を対象として投資を行うことと積立投資を考えてはいかがでしょうか。リンチ氏の言葉が実行できるのが投資信託という商品なのです。リンチ氏は「株式投資で利益を得るカギは、怖気づいて逃げ出さないことにある」と述べ、不安に打ち勝つ精神力が必要と主張しているのですが、積立投資には強い精神力は不要です。

## 3．個別株投資の限界

分散投資が大切とはいっても実際には多くの方々、特にシニアの方々が個別株式への投資を行っています。一般の方々でも株式の取引にかかる手数料が値下がりしたこと、そして日本銀行の大胆な金融緩和で、日本経済に変化の兆しが出始めたことで個別の株式投資は人気になっているようです。しかし、それで成功することは一般の方には難しいことでしょう。個別株式の投資のためには最低でも、ある程度の簿記・会計の知識がなければ困難なものがあり、割安株投資の立場のバフェット氏も成長株投資の立場のリンチ氏も投資対象の企業の財務分析を重要視しています。

前に述べた通り、東証一部上場の大型株の場合、個別株式の標準偏差は30％程度といわれています。つまり、価格のブレ幅は日経平均株価や東証株価指数のインデックス運用の投資信託と比較して約1・5倍にもなります。一般の個人が受け入れるには大きすぎるリスク・不確実性と思います。そして、前に述べた通り、インド株投資信託の標準偏差は先述の通り約24％程度ですから、インド株投資信託に集中投資をする場合以上のリスクがあるといえます。

それでも個別株式の投資をしたいということであれば、一般の方々が株式投資を中長期的に行い、みずから複数銘柄の株式に分散投資を行っていく場合を考えてみます。ここでの複数の銘柄数ですが、概ね20銘柄もあれば、日経平均株価や東証株価指数と同じ程度まで標準偏差を小さくすることができるとされています。

この場合、割安で成長が見込まれる銘柄を選ぶなどといいますが、それがいかに難しいかは繰り返し述べた通りです。長期的には効率的市場仮説が成立する場合の方が多いのであり、そうしたことを考えますと一般の方々が少々の勉強や投資セミナーで得た知識程度で取り組んでも、ほとんど良い成果は期待できないでしょう。

効率的な市場では証券の価格決定に役立つ情報が、瞬時に市場の参加者に伝達され、その情報が速やかに価格に反映されます。そして、新しい情報は瞬く間に証券の価格に反映されるので、個々の投資家、市場の参加者に情報に関する優劣はないとされます。こうした状況ではプロもアマチュアも情報に対しては同じであり、早耳情報は存在しないとされています。実際の市場はそこまで効率的ではないわけですが、プロでもそうした状況で良い収益を得られないのに、アマチュアである一般の方が良い収益を得ることは難しいでしょう。

確かに一部の株式投資の成功者が世の中にはいて、そうした人々がその成功物語を出版したり、テレビ、インターネットに登場したりしているのは事実ですが、それを再現できるのかというと疑問があります。カリスマ的な投資家は確かにいます。バフェット氏のように十数名柄の基本ポートフォリオを維持して、巨額の投資成果を得た投資家もいます。しかし、一般の方がそうした運用ができる可能性は低いでしょう。

リンチ氏は、株式の銘柄選択の難しさ、そして良い銘柄を選んでもその株式を長期保有することができないことを、「花を引き抜き、雑草に水をやる」とたとえました。バフェット氏もリンチ氏のこの表現が気に入り、リンチ氏の許可を得て自分のレポートに使用したそうです。リンチ氏やバフェット氏のような才能に恵まれた人たちですら、銘柄選択の大変さ、そして、それを継続することの難しさを強調しているのです。

それでも個別株式に取り組みたいのであれば、株式投資信託の運用報告書等でファンド・マネージャーが購入している株式を調査し、それらの銘柄に投資を行うことで、一定の選別はできるのではないでしょうか。

もっとも、投資信託のファンド・マネージャーも同じ銘柄でも、一定の目標とする一定の価格まで株価が上昇すれば売却して銘柄を入れ替えるといわれますので、投資信託も長期投資をしているとはいえないわけであり、この点は川北教授が指摘されている通りです。

一般の方であればこうした個別株式投資一本槍といったことは避けて、投資信託を活用して分散投資を心がけるべきです。

個別株式投資を行う場合、よくいわれるのは、3つのゆとりとして、資金のゆとり、時間のゆとり、心のゆとりが大切ということです。そして成功のキーワードは、これらのゆとりとともに情報とタイミングだといわれます。

しかし、一般の方々でお金にそれほどのゆとりがある方がどれほどいるのでしょうか。ほとんどの方はライフプランの資金づくりへの対応を迫られているのであり、金融資産を多く保有しているシニアの方でも相続財産としての金融資産などない方が大半ではないかと思います。多くのお金は引退期の大切な支出のためのお金であり、株式投資を楽しむということなどないように思えます。

よく個別の企業の概要を研究しながら売買のタイミングを計るといわれるのですが、そうした情報分析がどれだけの方ができるのでしょうか。財務分析の力がある方などごく少数でしょうし、それも株式投資の観点から企業を長期的に見るということは大変難しいことです。

前に述べたように2013年の株価の上昇は結果的には企業利益の大幅な増加という裏付けのあるものでした。では、その企業利益の大幅な増加を予測した専門家がどれだけいたかは疑問です。プロでも1年先の業績予測が難しかったわけですから一般の方ならなおさらでしょう。

まして株主優待を楽しみにして個別株式に投資をするなどというのは、問題外の投資態度といってよいと思います。いくらその株主優待が魅力的であってもそのような見返りで、冷静な投資判断、つまりその企業の収益性が良いのか、将来成長していくのか、または現在の株価が割安で将来それが是正される時がきて、株価が上昇するのかといった判断が損なわれることがあれば問題でしょう。

そして、上場企業に勤務している方は従業員持ち株会の制度で、勤務先の企業の株式を購入している方も多いと思いますが、これも個別株式投資の1つです。購入動機は理解できますが、多額とならないような注意が必要でしょう。どうしても多額となる場合は、日本株式と値動きの関係が少ない海外債券に投資を行う投資信託を購入して、従業員持ち株会との分散投資を行っておくことが必要でしょう。

また、一度株式市場に参加してしまえば、そこはプロもアマチュアも基本的には同じに扱われます。現在の金融商品を規制する法律である金融商品取引法では、プロとアマチュアでは扱いに若干の差がでましたが基本は変わりません。

株式市場では、国内・外の有名大学、大学院を卒業した金融工学、証券投資論、財務会計の専門家を雇い、ＡＩ等の高度なコンピュータ技術を用いて市場に参加してくる機関投資家と呼ばれるプロと一般の方々が同じ土俵に立つのです。そうした世界でごく普通の方々が本当に良い運用成績を得られるかは疑問でしょう。

グレアムは、株式投資について「自分でうまく銘柄選びができるのはほんの数パーセントの投資家にすぎない。もしかしたら、みんながインデックスファンドの力を借りるのが理想なのかもしれない」と述べています。彼自身は割安株投資で大成功しましたが、一般の方々には堅実な運用を勧めていたのです。株式市場はファンダメンタル分析もポートフォリオ分析も併用できる程度の効率性であるわけですが、グレアムはその状況にあってもファンダメンタル分析を的確に実行できる一般人はほとんどいないと述べているわけです。

個別株式への投資はやはり困難なことが多いと思います。

## 4. 貯蓄から分散投資へ

この本では一般の方のライフプランに関係する資金の資産運用について述べてきましたが、一般の方々の資産運用は、結局、適切な投資期間のある資金で行う効率的で堅実な分散投資

図表5－3　貯蓄目的の変化

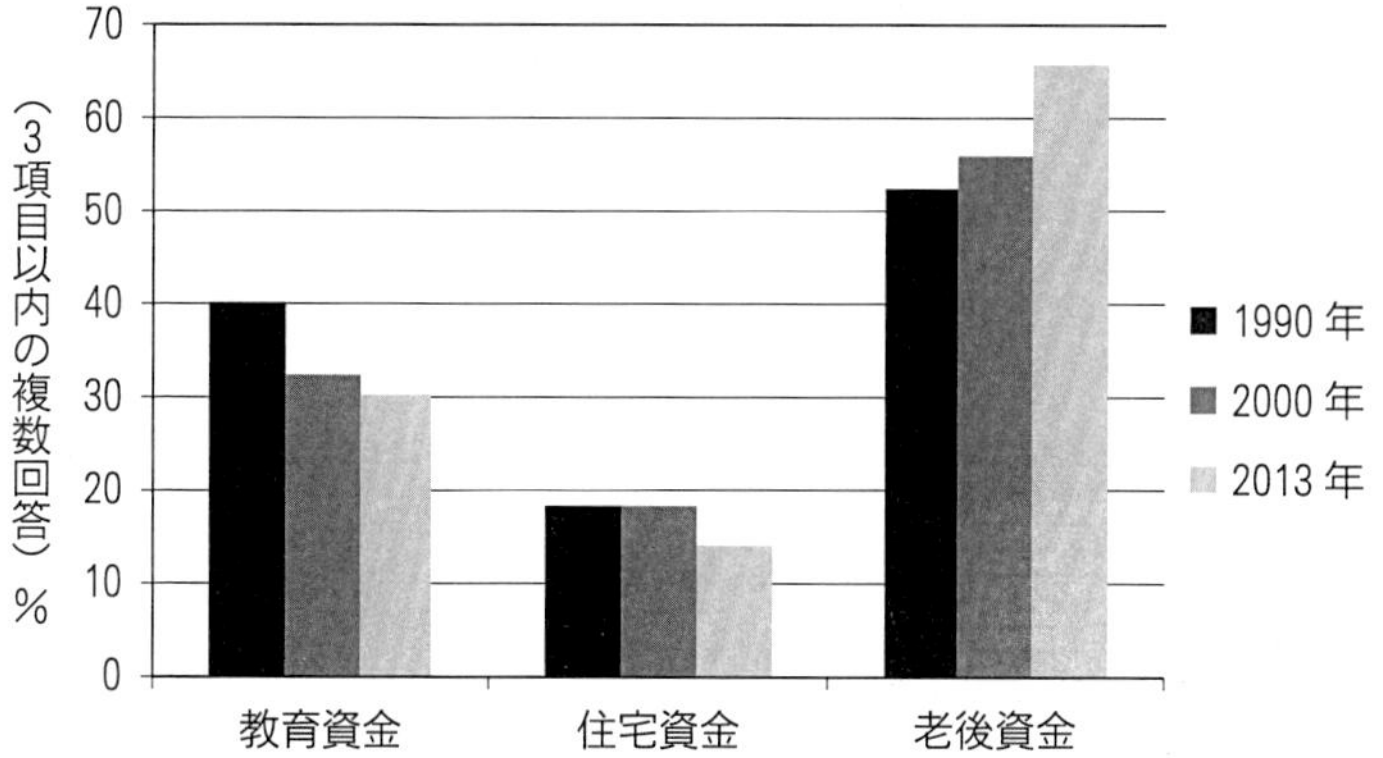


資料：金融広報中央委員会ホームページ等より作成。

と、長期投資を積立投資で追求することが大切であるということになります。投資信託を用いたグローバルな分散投資、長期投資、そして積立投資による運用は、効率的で堅実な資産運用です。

日本銀行の金融緩和政策で日本経済は復活が予想されています。人口減少がいわれますが、吉川教授は、「労働力人口の推移が経済成長にとって決定的な影響を与えるものではない」と述べています。現在の経済再生の取り組みの効果が現れる時期は近いと思いますが、それが成功しても、かつてのような高度経済成長社会となる可能性はないでしょう。また、長寿化によって額に汗して働く期間の後、長い引退期間が待っています。公的年金の支給開始年齢の段階引き上げに伴い、高齢者雇用安定法により2025年4月からは企業で働く人は誰でも65歳まで勤務することになり、さらに政府は70歳まで働ける社会を目指しています。しかし、60歳以降の賃金の低下は避けられないと予測されるため、高齢期への備えの必要性は依然として大きいのです。

こうしたことから人々の貯蓄目的も過去20年程度で大きく変化しました。すなわち、人生三大資金の教育資金、住宅資金、老後資金のうち、老後資金のための貯蓄が増えているのです。国民全体がシニアの期間の生活を支えるためのお金を考えるようになっているのです。まさにライフサイクル仮説が当てはまる状況になったのです。

こうした時代に経済的なゆとりが少しでもあれば、気分にゆとりが出ることでしょう。人はゆとりが出ると自然と長所が出るものです。健康問題や家庭問題など不安な事柄に遭遇した時、その対応を左右するものはその人の良い面が出ているか否かではないかと思います。このゆとりは気分のゆとりが一番ですが、経済的なゆとりも重要です。

公的年金が将来的には実質的に2割減少すると予測されていますが、2017年に対象者の範囲が拡大されたイデコによる運用を、この本で述べた運用で堅実に行えば、公的年金の実質的減少はカバーできると思います。それによって引退期の経済的ゆとりを得ることができるのです。

経済問題への対処は平均寿命の短い時代は額に汗して働くことで十分でしたが、長寿社会となり引退期が長くなった現在では、勤労と同時にお金をいかに効率的に、そして堅実に運用するかも経済的なゆとりを左右する要因となっています。現代人に長期的な資産運用は不可欠のこととなったのです。

リスクをできるだけ抑え、1年定期預金金利プラス2％程度という目標を持ち、分散投資、長期投資を行い、そして積立投資の併用により元本割れの可能性を小さくし、経済的なゆとりを得ることが大切なように思います。そうした経済的なゆとりが伸び伸びと人々が生きるためには必要だと思うのです。

具体的には運用管理費用（信託報酬）の安価なバランスファンドで積立投資を行うことが簡単な手法でしょう。また、国内・外の債券、株式に投資を行うインデックス・ファンドを個別に積立で購入し、その投資割合は公的年金の運用において用いられている資産配分をコピーするという方法もあります。

なお、資産配分について1989年12月から2010年6月でのデータでは、安定的な債券投資中心の資産配分から積極的な株式中心の資産配分の積立投資であっても、10年間の積立投資では投資成果は投資額の1・3倍から1・4倍と大差がなかったという試算がありますす。これからすれば積立投資の場合は、資産配分にあまり注意を払わなくてもよいともいえそうです。

また、国内・外の債券、株式の4資産に均等投資を行う資産配分は、現代ポートフォリオ理論で計算されるリスクとリターンの組み合わせとしてベストとされる組み合わせの1つに近いという試算もありますので、一般の方の場合は4資産均等投資の資産配分で運用していれば概ね間違いはないといえるでしょう。

2013年以降のわが国の株価の上昇率を考えますと、1年定期預金金利プラス年率2%程度はあまりに小さいかもしれません。しかし、公的年金や企業年金の運用もこの水準と大きく変わりません。その時々の1年定期預金金利プラス年率2%という資産運用で経済的なゆとりをつくることが大切と思います。

「貯蓄から投資へ」という標語が語られますが、グレアムの言葉にあるように、ほんの数パーセントの方を除き、一般の方々が個別株式へ投資を行うことは困難でしょう。リンチ氏は、「自分が多少知っている業界の企業の株に、少し調査をしたうえで投資をすれば、アマチュアでもプロのファンド・マネージャーの95%に勝つ可能性があり」、投資を楽しむこともできると述べています。しかし、これがバランスシートがわかることが前提となっていることは前に述べた通りです。簿記、会計、金融経済等の情報処理能力において劣るアマチュアが、プロがひしめく市場に参加することはやはり難しいことと思います。

また、グレアムの指摘の通り、株式投資と債券投資は必ず組み合わせるべきです。前に述べたように、米国の大恐慌の時に株式と債券に均等投資していれば7年で元本を回復していたのです。そして、さらに安定的な資産運用のためには海外の債券、株式への投資が不可欠です。

こうしたことを考えるとわが国の国民にとってより適切な標語は、やはり、「貯蓄から分散投資へ」であると思います。長期投資のリスク低減効果は時間分散効果と呼ばれることがあり、また、積立投資は時間的分散投資と呼ばれることがあります。分散投資、長期投資、そして積立投資は広い意味で分散投資という考え方でとらえることができます。

この本で述べた資産運用は、かつては専門家でもなかなかできなかったことですが、20世紀後半に飛躍的に発展した現代投資理論とインデックス・ファンドのような投資信託商品の出現で、多くの一般の方々が取り組むことができるようになりました。そうした投資商品を活用し、堅実な資産運用への取り組みをされてはと思います。

# 主要参考文献

朝倉智也『投資信託選びでいちばん知りたいこと』ランダムハウス講談社、２００６年。

――「日本の投資信託が抱える課題」『証券アナリストジャーナル』第52巻5号、日本証券アナリスト協会、２０１４年、40－49ページ。

浅野幸弘・宮脇　卓『資産運用の理論と実際』中央経済社、１９９９年。

アマルティア・セン「日本型発展、なおモデル」『日本経済新聞』、２０１５年8月6日朝刊。

飯田謙次「リスクに着目したポートフォリオの構築手法に関する考察」
http://www.smtb.jp/business/pension/information/center/operation/note.html　２０１４年4月23日アクセス。

井手正介『株式投資入門』日本経済新聞出版社、２００８年。

――『井手正介のバリュー株入門』日本経済新聞出版社、２００９年。

――『バリュー株投資は「勝者のゲーム」！』日本経済新聞出版社、２０１０年。

井手正介・高橋文郎『証券投資入門』日本経済新聞出版社、２００１年。

――『証券分析入門』日本経済新聞出版社、２００５年。

伊藤伸二「相対的リスク回避度の適合性判断への応用」『ファイナンシャル・プランニング研究』No.8、日本ＦＰ学会、２００９年。

伊藤隆敏『インフレ目標』日本経済新聞出版社、2013年。

岩井克人『経済学の宇宙』日本経済新聞出版社、2015年。

ウイリアム・F・シャープ著、川口有一郎監訳『投資家と市場』日経BP社、2008年。

角田康夫『行動ファイナンス』金融財政事情研究会、2001年。

金子　久「英国の資産形成支援制度〝ISA〟」『証券アナリストジャーナル』第52巻5号、日本証券アナリスト協会、2014年、6－14ページ。

加藤康之「退職後の資産運用の枠組み」『証券アナリストジャーナル』第56巻8号、日本証券アナリスト協会、2018年、19－28ページ。

川北英隆「NISA普及への課題　投信、短期売買から脱却を」『日本経済新聞』、2013年11月22日朝刊。

岸　真清・黒田　巌・御船　洋編著『高齢化社会における資産運用と金融システム』中央大学出版会、2011年。

岸　真清・藤波大三郎『ファースト・ステップ金融論改訂版』経済法令研究会、2012年。

吉川肇子『リスクとつきあう』有斐閣、2000年。

企業年金連合会「連合会の資産運用」

http://www.pfa.or.jp/jigyo/shisan/index.html　2014年4月23日アクセス。

金融広報中央委員会『暮らしと金融なんでもデータ　平成24年度版』金融広報中央委員会、2013年。

金融商事実務判例研究会「金融商事実務判例紹介」『銀行法務21』２００３年1月号、経済法令研究会、２００３年。

工藤清美「ドルコスト平均法の有効性の分析～リスクの視点から～」『ファイナンシャル・プランニング研究』No.12、日本ＦＰ学会、２０１３年、19－38ページ。

厚生年金基金連合会『厚生年金基金　資産運用の手引き』厚生年金基金連合会、１９９４年。

小林慶一郎「資本生産性の時代」『証券アナリストジャーナル』第53巻6号、日本証券アナリスト協会、２０１５年、6－16ページ。

坂本武人『新しい家庭経済学　第2版』法律文化社、１９９６年。

ジョセフ・Ｅ・スティグリッツ著、藪下史郎他訳『スティグリッツ入門経済学　第2版』東洋経済新報社、１９９９年。

竹内　宏『エコノミストたちの栄光と挫折』東洋経済新報社、２００８年。

竹崎竜二『かしこく殖やす資産運用』日本経済新聞社、２０００年。

橘　玲『臆病者のための株入門』文藝春秋社、２００６年。

田村正之『しぶとい分散投資術』日本経済新聞出版社、２００９年。

――「日本の投信　コストが重荷」『日本経済新聞』、２０１３年7月5日朝刊。

チャールズ・エリス著、鹿毛雄二訳『負者のゲーム　原著第6版』日本経済新聞出版社、２０１５年。

東洋信託銀行投資企画部『上級ポートフォリオ・マネジメント』金融財政事情研究会、１９９８年。

日本格付投資情報センター編著『投信時代　日本版４０１Ｋのビジネス展開』日本格付投資情報セン

ター、1999年。

日本経済新聞社「確定拠出年金利回り重視」『日本経済新聞』、2014年5月22日夕刊。

日本証券業協会「株式投資の基礎」

http://www.jsda.or.jp/manabu/stock/index.html　2014年4月23日アクセス。

年金積立金管理運用独立行政法人ホームページ
http://www.gpif.go.jp/　2015年8月6日アクセス。

バートン・マルキール著、井手正介訳『ウォール街のランダム・ウォーカー』日本経済新聞出版社、2011年。

ピーター・ドラッカー著、上田惇生訳『イノベーションと企業家精神』ダイヤモンド社、2007年。

ピーター・リンチ著、平野誠一訳『ピーター・リンチの株の法則』ダイヤモンド社、2015年。

星野泰平「『積立投資』の3つの効用とポイント」『Journal of Financial Planning』Vol. 12 No. 129、日本ファイナンシャル・プランナーズ協会、2010年。

前川　貢「いま販売会社に求められる投資家対応」『ファイナンシャル・アドバイザー』第13巻第4号、近代セールス社、2011年。

松本大学・松本大学松商短期大学部周年事業実行委員会編『21世紀の長野県を展望する』松本大学出版会、2013年。

宮川壽夫「PBR1倍の非対称性に見える日本企業の低ROE問題」『証券アナリストジャーナル』第53巻6号、日本証券アナリスト協会、2015年、28－38ページ。

モーニングスター株式会社ホームページ
https://www.morningstar.co.jp/　2015年7月25日アクセス。

山崎　元『資産運用実践講座①投資理論と運用計画編』東洋経済新報社、2009年。

吉川一洋「NISAの導入の経緯と目的・特徴」『証券アナリストジャーナル』第52巻5号、日本証券アナリスト協会、2014年、15－29ページ。

吉川　洋『構造改革と日本経済』岩波書店、2003年。

――『いまこそ、ケインズとシュンペーターに学べ』ダイヤモンド社、2009年。

蝋山昌一編『投資信託と資産運用』日本経済新聞社、1999年。

ロバート・F・シラー「米住宅、バブルではない」『日本経済新聞』、2014年3月19日朝刊。

# 索　引


## A–Z

ETF ……81
Jリート ……142
MMF（マネー・マーケット・ファンド） ……141
MMF（マネー・マネジメント・ファンド） ……34
PBR ……158
PER ……106
ROE ……8

## ア

アクティブ運用 ……80
アクティブ・ファンド ……26
アセット・アロケーション ……14
アフターフォロー ……173
アマチュア ……164, 189
一括投資 ……129
イノベーション ……21
インデックス ……25
　――運用 ……63
　――・ファンド ……25
インフレ ……23
　――目標 ……30, 32
ウィリアム・シャープ ……71
ウォーレン・バフェット ……16
運用管理費用（信託報酬）…51, 79
運用スタイル ……163
エイジェンシー問題 ……140
円高 ……112
円安 ……112
大型株 ……163

## カ

海外債券 ……39
　――投資 ……38
会社型投資信託 ……142
格付 ……65
確定拠出年金 ……7
確率 ……87
価値関数 ……17, 86

株価収益率 ……………………106
株価純資産倍率 ………………158
株式益回り ………………9, 107
株式投資信託 …………………8
為替ヘッジ ……………………148
為替リスク ……………………43
間接金融 ………………………36
元本払戻金（特別分配金） ……39
元本割れ ………………………3
機関投資家 ……………………37
企業年金 ……………30, 37, 45
———連合会……………………43
技術革新 ………………………20
技術進歩 ………………………56
基本ポートフォリオ ………28, 90
教育資金 ………………………51
供給力 …………………………58
金融緩和政策……………………8, 42
金利スワップ …………………114
金利通貨スワップ ……………64
金利平価説 ……………………78
グロース株投資 ………………160
グローバル・インデックス運用
……………………………………66
グローバル市場ポートフォリオ
……………………………………67
景気変動 ………………………61
経済成長 ………………………56
現代ポートフォリオ理論
………………………13, 25, 165
高金利通貨 ……………………65
公的年金 ……………28, 37, 45
行動ファイナンス ……………16
高度経済成長 …………………20
購買力平価 ……………………44
———説 ………………………118
効率的市場仮説 ………………25
高齢化社会 ……………………98
小型株 …………………………163
国際分散投資 ……………35, 62
個人金融資産 …………………6
個人投資家 ……………………36
個別株式 ………………………35
個別リスク ……………………85

## サ

最終利回り ……………………110
ジェームズ・トービン …………67
時間的分散投資 ………………195
時間分散効果 …………………195
自己資本利益率 ………………8
資産配分……………………14, 125

資産分散……85
市場型間接金融……36
市場ポートフォリオ……26
実質経済成長率……58
資本……56
　——コスト……60
シャープ・レシオ……166
ジュニア・ニーサ……7
少額投資非課税制度……7
消極運用……63
証券アナリスト……158
情報開示……83，139
情報処理……154
人為的低金利政策……31
人口減少社会……19
新興国……44
信託……139
正規分布……40
成長会計……56
成長株投資……160
成長戦略……58
石油ショック……32
積極運用……80

## タ

退職金……45
ダイナミック・アセット・
　アロケーション……176
タイミング・アプローチ……24
ダウンサイド・リスク……29
タクティカル・アセット・
　アロケーション……176
ターゲット・イヤー運用……29
ダニエル・カーネマン……17
短期変動金利……115
チャールズ・エリス……74
長期固定金利……115
長期投資……10，74
直接金融……36
貯蓄から投資へ……7，23
貯蓄から分散投資へ……36，195
通貨選択型……148
積立投資……16，23，129
　——信託……129
テクニカル分析……69
デフレ……23
デリバティブ……64
投資開始時期……127
投資家保護……82
投資教育……41
投資信託……5
投資タイミング……29，74

東証株価指数 ……………………25
トータルリターン ……………111
トップダウン・アプローチ ……69
トービンの分離定理 ……………67
ドルコスト平均法…………28, 130
トレンド……………………70, 179

## ナ

内部成長率 ……………………107
ニーサ ……………………………7
日経平均株価 ………………8, 9

## ハ

敗者のゲーム ……………………75
配当金成長率 …………………105
配当性向 ………………107, 181
配当成長モデル ………………106
配当利回り ……………105, 107
配当割引モデル ………………181
ハイリスク ………………………52
ハイリターン ……………………52
パッシブ運用 …………………151
バブル ……………………………23
早耳情報 ………………………187
バランスファンド ………………51
ハリー・マーコウィッツ ……150
バリュー・アット・リスク …130
バリュー株効果 ………………162
バリュー株投資 ………………160
ピーター・リンチ ……………160
人手不足経済 ……………………19
評価リターン …………………106
標準偏差 …………………………11
ビルディング・ブロック法 ……52
ファイナンシャル・プランニング
…………………………………95
ファンダメンタル・リターン …105
ファンダメンタル分析 …………69
ファンド・オブ・ファンズ …145
ファンド・マネージャー ……151
フォーミュラ投資 ……………132
物価スライド ……………30, 48
物価連動国債 ……………………37
フランコ・モディリアーニ …100
プロ ……………………164, 189
分散投資 ……………3, 10, 14
分配金 ……………………………5
ベンジャミン・グレアム ………70
変動金利型個人向け国債 ……114
ポートフォリオ・インシュ
アランス ……………………88
ポートフォリオ分析 ……………69

ボトムアップ・アプローチ……70
ホームカントリー・バイアス…22

## マ

毎月分配型投資信託　……………5
マクロ経済スライド……………47
マネタリーベース………………33
銘柄選択　………………………187

## ヤ

ユージン・ファーマ……………25

## ラ

ライフサイクル仮説　…………100
ライフプラン……………………10
ラダー・ポートフォリオ　……114
リスク・コミュニケーション…87
リスク・コントロール…………49
リスク・プレミアム……………78
リバランス　…………51，133，134
リーマン・ショック……………21
老後資金…………………………51
労働………………………………56
———力人口…………5，20，56
ロバート・シラー　……………24
ローリスク………………………52
ローリターン……………………52

## ワ

割引率　…………………………106
割安株投資…………………16，160

《著者紹介》

**藤波大三郎**（ふじなみ・だいさぶろう）

1954年岡山市生まれ。東京大学法学部卒業後，太陽神戸銀行入行。ルクセンブルグさくら銀行，さくら能力開発センター，三井住友銀行人事部研修所等を経て，2008年より松本大学松商短期大学部教授。中央大学商学部兼任講師，日本証券アナリスト協会認定アナリスト，FP（1級ファイナンシャル・プランニング技能士）。

主な著書に，『みんなが忘れているお金を殖やす基本』（日本経済新聞出版社）2001年，『金融機関職員のための資産運用相談Q&A』（近代セールス社）2007年，『ファースト・ステップ金融論改訂版』（共著）（経済法令研究会）2010年，『はじめて学ぶ銀行論』（創成社）2012年，『預かり資産商品セールスのコツ』（近代セールス社）2013年，『シニアのための堅実な資産運用』（松本大学出版会）2014年，『わが国の銀行行動と金融システム』（三恵社）2015年，『たのしく学べるファイナンシャル・プランニング』（創成社）2017年がある。

（検印省略）

2016年1月20日　初版発行
2020年1月20日　改訂版発行　　略称－投資初心者

**投資初心者のための資産運用［改訂版］**

著　者　藤波大三郎
発行者　塚田尚寛

発行所　東京都文京区春日2-13-1　株式会社　創成社

電　話　03（3868）3867　　FAX　03（5802）6802
出版部　03（3868）3857　　FAX　03（5802）6801
http://www.books-sosei.com　振　替　00150-9-191261

定価はカバーに表示してあります。


ISBN978-4-7944-2557-7 C0037
*Printed in Japan*

組版：緑　舎　印刷：エーヴィスシステムズ
製本：宮製本所
落丁・乱丁本はお取り替えいたします。